不懂财务 别谈创业

初创企业必看的财务避坑指南

宋 莹◎著

天津出版传媒集团
天津科学技术出版社

图书在版编目(CIP)数据

不懂财务，别谈创业：初创企业必看的财务避坑指南 / 宋莹著. -- 天津：天津科学技术出版社, 2023.11

ISBN 978-7-5742-1664-8

Ⅰ. ①不… Ⅱ. ①宋… Ⅲ. ①企业管理－财务管理－指南 Ⅳ. ①F275-62

中国国家版本馆CIP数据核字(2023)第208457号

不懂财务，别谈创业：初创企业必看的财务避坑指南
BUDONG CAIWU，BIETAN CHUANGYE：CHUCHUANG QIYE BIKAN DE CAIWU BIKENG ZHINAN

责任编辑：吴文博
责任印制：兰　毅

出　　版：天津出版传媒集团
　　　　　天津科学技术出版社
地　　址：天津市西康路35号
邮　　编：300051
电　　话：（022）23332399
网　　址：www.tjkjcbs.com.cn
发　　行：新华书店经销
印　　刷：河北万卷印刷有限公司

开本 710×1000　1/16　印张 14　字数 200 000
2023年11月第1版第1次印刷
定价：69.00元

前言

创业在今天已经是一个稀松平常的话题，甚至成为一种时尚。在这股时代的创业热潮中，有勇敢的人挺身而出，选择走上不平凡的道路。他们怀揣理想，渴望创造出新的价值，找到人生的意义。

不过，创业的旅程并不像听起来那样简单和直接。在今天这个竞争激烈的市场环境中，无论身处哪个行业，无论产品和服务有多么出色，想要在创业的繁杂丛林中生存下来，确实需要一些特别的技巧和知识。

创业从来都不只是一场靠毅力就能赢的战斗，而是一次全面的能力考验。在这条路上，一个企业家需要的不仅仅是一个好的点子，其还需要具备多领域知识和实践经验。其中最不可或缺的一环，就是对财务管理的了解和掌握。

不管是初创企业，还是刚刚起步的小微企业，甚至是大型集团公司，良好的财务管理都是决定其能否长远发展的重要因素。但遗憾的是，尽管财务管理如此重要，仍能看到许多初创企业经营者都忽视了这一方面内容，只将全部的精力投入产品的研发和市场推广中。

有人会说："我是老板，又不是会计，怎么可能在财务管理上也做到行家里手呢？"

确实，企业经营者也不是必须都要成为财务专家，但至少应该对财务管理有基本的认识和理解。他们需要明白财务管理的重要性，理解财务数据的含义，并且能够运用财务知识来辅助企业的决策。只要做到了这一点，就已经足够了。

否则，企业经营者如果连财务合规是什么都不知道，融资、投资也不懂，成本费用更是漠不关心，那这家企业的未来就岌岌可危了，甚至可能会做出一些“踩雷”的举动，直接把自己送到法律风险的漩涡中。

这本书写作的目的是帮助那些在创业道路上“摸着石头过河”的人，让他们学习一些基本的财务常识，识别常见的财务陷阱，找到合规经营的道路，以便在以后的管理中避开不能碰的“雷区”。要明白，财务管理并不是什么深不可测的知识，随手看一看，主动学一学，每个人都可以掌握它，并运用它来支持事业发展。

这本书主要站在初创企业的视角，对于从企业创立初期的财务规划，到日常的财务管理，再到企业发展阶段的财务决策，以及在数字化时代财务管理如何应对新的挑战等各个方面进行讲解，内容涵盖很多企业真实会遇到的财务场景。

希望通过这本书，读者可以对财务管理有一个全面而深入的了解，或将这些理论知识应用到实际的创业过程中，让创业之路走得更稳，走得更远。

目　录
CONTENTS

第三章

财务管理的目标，是用有限的资源创造更多的价值 / 53

第四章

预算前置管控，拒绝盲目开支 / 87

第五章

第六章

第七章

财税合规，企业才能走得更远 / 167

第八章

数字化时代，告别传统财务管理模式 / 193

第一章
建立财务思维，做好前期规划

从决定创业的那一刻开始，你就需要面临一连串的选择，比如，选择什么公司类型？应该如何确定注册资本？公司章程应该怎么设计？这些问题看似琐碎，实则都是创业旅程中的重要一环，将直接影响到公司的运营和未来发展。

没有人希望因为疏忽大意或者无知，导致公司在起步阶段就陷入困难，更别说遭受罚款或者遇到其他法律问题了。所以，创业者从一开始就要建立财务思维，清楚公司经营的目标是营利，降低损失也是营利的方式之一，创业者要在遵守税法、经济法等法律的前提下，站在公司的最佳利益角度做出决策，实现公司的健康长远发展。

注册新公司，类型怎么选

一旦你决定踏上创业的旅程，准备开展商业活动，就需要成立一家正式的公司，来作为商业交易的主体。公司是一个独立的法人实体，能够成为你创业梦想的防线和缓冲区，帮助你承担一部分经营风险和法律责任。公司的存在也将使你的商业理想变得更加具体。

“投资有风险，创业需谨慎”，从财务角度来看，企业以营利为目的，因此从决定创业开始，你就需要充分考虑风险和收益，在企业的类型选择上也是如此。不同的企业类型具有不同的法律责任、税收方式、设立条件等。你需要结合自己的情况进行选择。一个合适的企业类型将帮助你在风险与收益之间找到平衡，建立专业的商业形象，获得更多的商业机会，并提供有效的风险防护。

我们在日常交流中，通常是把“企业”和“公司”等同为一个概念的。从法律角度来说，公司是企业的一种形式，但企业不一定都是公司。来看看企业有哪些常见类型你就明白了，如图 1–1 所示。

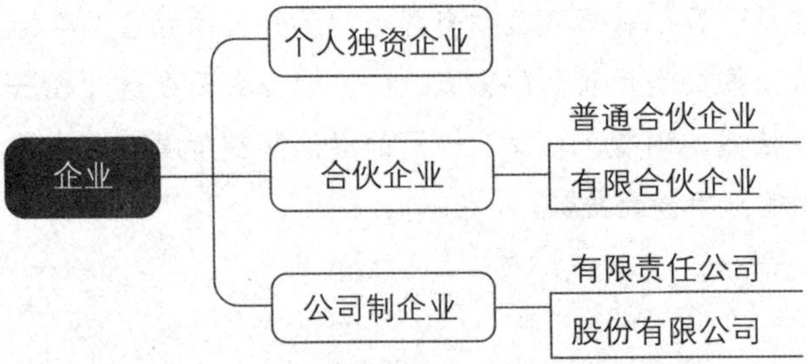

图 1–1　企业的常见类型

个人独资企业，顾名思义，就是由一个人单独出资、运营并享有全部收益的企业。这种企业形式的特点简单明了，所有的权益、决策权都在你手里，你完全可以按照自己的想法去运营。

不过，这种企业形式要求个人对企业的债务承担无限连带责任。这里要重点说明一下什么是无限连带责任。无限连带责任意味着对企业的债务负有全部责任，而且这种责任跟个人在企业中投入的资本多少无关。换句话说，不管你投了多少钱进企业，一旦企业发生债务问题，你可能需要用你全部的财产来偿还这个债务，这就是无限连带责任的“可怕”之处。

所以，如果你对自己的业务有足够的信心，企业规模也比较小，这种企业形式也是可以选择的。这能让你更加灵活地管理企业，满足自己的个人需求。我们平时常常见到的一些个人工作室就是这类企业。不过这一企业类型很难有效规避创业风险。

再来说说合伙企业。合伙企业是由各合伙人共同出资、经营的企业。这种企业形式的最大特点就是，凡事大家商量着来，“有福同享，有难同当”。即所有的合伙人都需要对企业的运营负责，共享企业的收益，并共同承担经营风险。

合伙企业又可以分为普通合伙企业和有限合伙企业。在普通合伙企业中，所有的合伙人都是普通合伙人，都需要对企业的债务承担无限连带责任。而在有限合伙企业中，合伙人至少有一个是普通合伙人，其他可以都是有限合伙人，普通合伙人依然要对企业的债务承担无限连带责任，但有限合伙人只需要按出资比例承担有限责任。也就是说，如果企业出现债务问题，有限合伙人只需要以自己认缴的出资额为上限赔偿就可以了，这在一定程度上实现了对个人财产的分离与保护。

如果你们是一个创业团队，各有能力，彼此信任基础深厚，那么合伙企业可以成为你们的选择。市场上的一些投资基金企业、会计师事务所、律师事务所等大多是合伙企业。

需要注意的是，个人独资企业或合伙企业，都不是一个独立的“公司”，所有的业务活动都是由企业的所有者（对于个人独资企业）或合伙人（对于合伙企业）直接进行的，即个人和企业几乎“不分家”。所以，无论是个人独资企业还是合伙企业，它们都不具备法人资格。这样的结果是，如果企业有任何法律问题，如被起诉或者需要偿还债务，所有的责任都需要由企业的所有者或合伙人承担，他们可能需要用自己的个人财产来偿还企业的债务，一不小心就会“倾家荡产”。

如果你想避免这种情况出现，做好个人财产和企业财产的分离，就需要好好了解一下公司制企业了。

一家具有法人资格的公司，是独立于投资人的，可以独立进行各种商业活动。最重要的是，如果公司有任何法律问题，责任通常只限于公司的资产，不会涉及公司的所有者或股东的个人财产。

来看看这个例子——

小文和小胜合作创办了一家有限责任公司，分别投资了 20 万元和 30 万元，经营 AI 软件的研发和销售。

在开始的一段时间内，业务发展得相当不错，他们的投入有了回报。然而，一年后，由于市场上的同类产品增多，公司的产品销量大幅度下降，开始亏损，最后欠下了 80 万元的债务。

好在公司类型是有限责任公司，现在公司还不上 80 万元债务，于是申请了破产，小文和小胜当初投资的 50 万元属于公司的财产，被用来偿还一部分债务。虽然这笔资金没办法追回了，但是小文和小胜的其他个人财产，如房产、车辆等，并不会被拿来偿还剩下的债务，相当于最多承担了创业出资的 50 万元成本风险。

这个例子清晰地表明了有限责任公司的优势，做到了有效分隔个人资产与公司资产。创业者可以在保护好个人财产安全的前提下，用预先拿出来的创业资金尝试经营公司。即使经营失败，也最多承担认缴出资额范围内的经营风险，不用担心创业失败就一无所有。

这就是有限责任公司受到众多创业者青睐的原因，成为初创企业比较常见的公司形式。

注册一家有限责任公司，你还需要知道以下内容。

股东人数有限

至少需要一名股东，也就是投资者，多人也可以，但最多不超过 50 人。

股东需要向公司出资

这个资本可以是钱，也可以是房产、设备，或者知识产权等，不过劳务、信用等不能作价出资。

股东需要共同制定公司章程

公司章程规定了公司的基本组织架构和运作方式，以及股东、董事、高级管理人员等的权利和责任等。

公司名称也需要提前想好

这个名称在创业所在地的商业注册机构中必须是唯一的，也就是没有其他公司用过。

选好公司地址

你需要有一个固定的办公地点，这也是注册公司的必填项。

具备以上条件之后，就可以开始有限责任公司的注册流程了。

除了有限责任公司，公司制企业还有股份有限公司这种类型。股份有限公司的股东成员数量需要在 2 人以上，200 人以下。公司的股东按照他们的股份承担有限责任。这种公司形式适用于一些规模较大的公司，尤其是那些已经走向成熟、准备上市的公司。因为股份有限公司的设立和管理过程比较复杂，这对于初创企业或中小型公司来说可能会有些困难。

最后要说明的一点是，公司的类型并不是一经注册就不能更改的。随着初创企业的成长和发展，其商业需求、战略目标，乃至整体市场环境都可能发生变化。在这种情况下，最早选择的公司类型如果不再适合，就需要进行调整。

比如，一家开始时作为有限责任公司注册的小型企业，在业务范围扩展和资本增加后，可能需要更多的资金来支持其发展。这时，公司就可以考虑变更为股份有限公司来引入更多的投资者，不再受到 50 名股东的限制，还可以通过发行股票，或者吸引风险投资等方式来提高融资能力。

注册资本可不能随便写

注册资本是一家公司的“启动资金”。在你选好公司类型，注册新公司的时候就必须按照法律规定申报注册资本。

注册资本可以分为认缴制和实缴制，这样就产生了认缴资本和实缴资本这两个概念，如果不弄清楚，恐怕都不知道注册资本应该怎么申报。

有的创业者可能会问：“难道不是我手里有多少钱创业，注册资本就是多少吗？”

理论上来说，这个思路是正确的，不过我国目前实行的是认缴制，比如，一家公司的注册资本为 1000 万元，但实际已投入的资本可能仅仅是 100 万元。当然，其中的差额并不代表虚假投资，而是说，公司可以选择先申报一个认缴资本，然后在一定的期限内逐步缴纳足够承诺的资本即可。

实施认缴制实际上是国家鼓励创业的手段。毕竟在早期的创业阶段，一下子拿出来很多资金对谁来说都不是一件轻松的事儿。如果规定股东必须一次性全额缴纳所有的注册资本，很可能会让“创业”这件事变得压力更大。

认缴制的实行也能帮企业吸引更多的投资。在一些资金规模较大的投资中，投资方可能不愿意或者没办法一次性投入全部的资本。有认缴制的存在，投资方就可以根据自己的资金状况，以及对企业发展前景的判断，逐步投入资本，这在一定程度上能降低投资的风险，帮企业吸引来更多的投资。

所以，注册资本并不等同于实缴资本。实缴资本只计算已经实际支付给企业的资本部分，而注册资本包括了所有股东承诺会缴纳的资本。我们平时看到的营业执照上的注册资本，实际上都是企业的认缴资本，不一定是已经实际投入的资本。

看到这里，又有人可能会发出疑问：“既然实行的是认缴制，那么申报的注册资本是不是可以使劲往大了填？反正一时半会儿也不用实缴。”

我们都知道，注册资本的多少往往直接反映了一家企业的实力和信誉。注册资本越多，企业在开展业务的时候更容易获得信赖，让对方觉得该企业实力雄厚。但是，这并不意味着就可以肆意地增加注册资本。别忘了，从财务角度来说，高收益也伴随着高风险。

前面我们刚介绍了不同类型企业的风险规避情况，可不能在这一步又一脚踏入另一个高风险的“大坑”。虽然有限责任公司股东可以承担有限责任，但是以认缴出资额为限，这个认缴出资额指的就是认缴资本。认缴资本的多少与企业股东承担的风险和责任是成正比的。认缴资本越多，股东的创业风险也就越大。

来看看这个例子——

小文和小胜合作创办了一家有限责任公司，准备经营 AI 软件的研发和销售。二人激情澎湃，创业热情高涨，虽然手头只有 100 万元，但认为注册资本高一点能给公司带来更多的信誉和机会，因此将公司的注册资本申报为 1000 万元，各自认缴 500 万元，各自实缴 50 万元。

然而，经营初期的困难超出了他们的预期，公司出现了严重的现金流问题，开始积累债务。一年后债务越积越多，最终无法偿还。

这时，债权人开始追债，小文和小胜作为公司的股东，需要在他们各自认缴的注册资本范围内对债权人承担连带清偿责任。这意味着，他们需要为公司的债务承担高达 1000 万元的责任。已经实缴的 100 万元显然是“打水漂”了，还得用自己的个人财产来偿还剩余的债务，直到补足他们各自认缴的 500 万元。

面对案例中这样的局面，创业者必须意识到：只看注册资本的数字，而不考虑其背后的责任和风险，是非常短视的。

虽然法律没有强制性规定注册资本实缴的时间限制，但是股东仍然需要按照公司章程中约定的时间，按期足额缴纳自己承诺的出资。如果是现金，就存到公司的银行账户里；如果是房屋或者设备等财产，就要把所有权转让给公司。

如果有股东没有按照自己的承诺按时足额缴纳出资，其不仅需要把欠下的补上，可能还需要对已经按时足额缴纳出资的其他股东承担违约责任。也就是说，假设因为这个股东的违约，其他股东遭受了损失，违约的股东就需要赔偿这部分损失。

注册资本的多少还对公司税务有直接影响。既然认缴的出资额最终都还是要实缴到位的，就必须考虑到公司的税负了。当股东实缴资本到位，公司账面收到资金计入“实收资本”时就需要缴纳印花税，实收资本越多印花税自然也就越高，变相增加了公司的税负。

既然这样，又有人会发出疑问："往大了填不行，注册资本应该越小越好吗？"

也不是，注册资本的多少，的确能侧面反映出股东对公司的信心和责任心。从另一个角度来说，注册资本可以看成股东（包括创业者和投资人）对公司的一种承诺，代表其愿意承担多少数额的法律责任。

公司合作伙伴、客户、投资者、供应商等都会关注到注册资本这一项。假如注册资本只有 5 万元，那又凭什么去谈 10 万元甚至上百万元的生意呢？对方完全有理由怀疑如果违约，公司连违约金都付不起，个人更是什么责任都不需要承担，自然也就不愿意与注册资本少的公司合作了。

不仅如此，在公司后续发展的过程中，如果出于扩大经营规模或者经营困难等原因需要向银行申请贷款。银行在审核贷款申请时，也会参考公司的注册资本。如果注册资本很少，能获得的贷款额度也就很少了，因为银行也会担心违约风险。甚至部分银行对于公司开立基本户也有最低注册资本要求，不满足要求很可能会不予开立基本户。

还有一些特殊的情况，比如，公司需要参与招投标时，注册资本的多少也会影响公司的资质和竞争力。一些大型项目可能会要求公司有一定规模的注册资本，不符合要求的公司就会直接失去竞争的机会。

所以，尽管注册资本少，承担的经营风险就小，但是长期来看，可能会给公司的成长和发展带来障碍，不划算。

在决定公司注册资本的时候，还是得综合考虑许多因素。先要考虑的便是公司的未来经营状况，换言之，就是预计公司将来能挣多少钱、能扩展到何种规模。如果预计公司会有大规模的业务运营，就需要更多的注册资本来支撑；如果公司的业务很复杂，可能涉及大额的投入和风险，也需要相应增加注册资本。如果公司预计的规模较小，业务又比较简单，就可以适当减少注册资本，降低初期的经营风险和税务负担。

不过这个决策的过程也要充分考虑到股东的风险承受能力。毕竟，注册资本实际上就是股东对公司的投入，如果注册资本过多，超出了股东承受范围，可能会导致股东节衣缩食，每天提心吊胆，就得不偿失了。

事实上，适度即合理。注册资本过多或过少都不行，需要在满足各方面基本要求的前提下找到一个平衡点，并且这个平衡点也不是一成不变的，要随着公司的发展和外部环境的变化进行动态调整。

如果你还是不知道怎么找到这个平衡点，不妨借鉴一下同行业中规模相近的公司，他们的注册资本是多少。这样的对比可以帮你迅速了解行业内的一般标准，也能更好地认清楚自身的位置和发展方向。然后，再结合自己创业的实际情况，综合决定最适合自己的注册资本。

另外，要注意的是，并不是所有行业的公司都实行认缴制。一些特定行业，如银行、保险、金融租赁、劳务派遣等，因为业务特性和风险因素，就不适用这种方式了，这些行业的公司必须全额实缴注册资本。

公司章程的科学设计

如果你仔细阅读过《中华人民共和国公司法》(以下简称《公司法》)，就会发现，很多法条最后都会加一句，“公司章程另有规定的除外”。这足以看出，公司章程的效力是得到法律认可的。

许多初创企业在注册阶段，常常会忽略公司章程的重要作用，简单地按照市场监督管理局的模板填写公司章程内容。这种做法完全没有考虑到公司未来发展壮大可能面临的复杂情况。

有的公司是朋友、家人一起创业，担心“把丑话说在前头”会伤感情。但现实是，如果事先不明确约定，当情况发生时就只能按照法律规定的一般情形来处理，很可能导致公司分崩离析。

还有一种情况，当公司发展到后期引入大量投资，没有详细科学的章程，就可能威胁到创始人的地位，导致公司权属变更，甚至出现创始人被踢出公司的局面。比如，一些知名公司，如新浪、雷士照明等，都出现过创始人“出局”的情况，甚至有些公司还会为此面临破产倒闭的风险，而科学有效的章程是有可能规避这一点的。

在资本市场中，资本方常常握有更强大的话语权。然而，这并不代表创始人就没办法始终掌握公司的控制权。反观一些成功的公司案例，从中能窥见公司章程的影响力。科学的章程设计能实现股权控制和经营控制的分离，即使只拥有极少的股权，创始人也能牢牢地把握住公司的控制权。这就是公司章程的力量所在。

设计公司章程就像是在编写企业的 DNA，可能会涉及公司的经营理念、治理结构、决策流程等方面，每一个组成部分都至关重要。科学的公司章程必须是合法的，这不必多说，与法律冲突的公司章程本身也是无效的。

最主要的一点是，公司章程的内容必须清晰明确，约定好公司运行的各项内容。以有限责任公司为例，有限责任公司章程要清楚载明公司名称、住所、经营范围、注册资本、股东姓名、出资方式、出资额、出资时间、股东的权利义务、违约责任、法定代表人，以及股东会认为需要规定的其他事项。

公司章程给予了创业者一定的自由度，他们可以根据自身的实际需要对其中的部分事项做出详细约定，灵活开展公司治理，避免埋下隐患。

以下是公司章程部分内容的设计参考，最终还是要结合公司实际情况来判断才最科学，如果有条件，找到专业的律师咨询也会更加保险。

■■■■■

◆公司经营范围

切忌贪多求全。内容过多的经营范围不但显得公司不专业，还可能因为涵盖的行业过多，在税务稽查各个行业时被重复注意到。同时，公司的经营范围还影响着公司的税负。要注意经营范围的排列顺序。一般前 2 ~ 3 个范围会在核定税种时首先被注意到，所以，合理排序不同税率的经营范围对于降低公司税负至关重要。

◆公司法定代表人

选择法定代表人，是一项对权利、风险和信任的综合决策。如果由董事长或执行董事担任公司法定代表人，公司决策效率会更高，控制力更强，但权利和责任的对等性也将使得公司面临更大风险，一旦出现权利滥用或违法行为，公司会直接承担相应的责任。不过，如果公司让外聘经理担任法定代表人，经理的控制权可能会被放大，需要慎重考虑，做出最适合公司长远发展的决策。

◆股东出资方式、出资额和出资时间

股东的出资计划应结合公司的实际资金需求和股东自身的资金状况来决定。一旦确定，必须按时、足额完成。如果未来有需要调整的地方，可以通过修改公司章程来应对，这需要得到其他多数股东的同意。

◆对外担保、投资

让股东会或股东大会来做决定更为保险，除非对董事会有完全的信任。这样能避免因为对外担保或投资导致公司损失的风险。

◆股东分股利

股利就是股息和红利，分股利应当按照出资比例来进行，或者根据增加的出资额来考虑。如果不按出资比例分，那么占主导地位的股东在公司治理上应该放弃一部分权利。这里要注意考虑按照实缴出资比例还是认缴出资比例。

◆股东表决权

表决权可以约定按照出资比例来行使，也可以根据股东和公司的实际需要来调整。股东可以自由设定表决权比例，比如，创始人股东可以约定自己的每股表决权等于其他股东的十股表决权，或者对一些十分重要的事项，如增资、减资等，约定需要全体股东一致同意方可通过，或者直接写明创始人股东在这些事项上拥有一票否决权，这样就能避免创始人被踢出公司的情形。

◆股东会的议事方式和程序

股东可以自行约定股东会的议事方式和投票程序，包括如何召开会议、会议程序、投票和决定等。只要这些规定不违反法律法规和其他章程内容即可。

◆股权转让

股权转让的转让程序、时间、对象和价格等内容，可以在公司章程中提前约定，只要这些规定是合理且合法的，法院通常会尊重并保护。

◆股权继承

股东资格是否可以继承，如何继承，可以在公司章程中自行约定。比如，约定股东去世，需要其他股东过半数同意后才能继承股东资格，或者详细说明是否允许该部分股份转让给股东以外的人。如果出于公司安全考虑，可以约定只能转让给其他股东。

◆公司财务管理

公司章程可以约定财务报告的编制时间和内容，比如，每个会计年度结束后多长时间内需要完成财务报告。同时，公司聘请或解聘会计师事务所的权利，应由股东会、股东大会或董事会掌握。为了保障股东的知情权，还可以约定每月、每季度或每年，定期向股东提供财务报告。

除了上述内容，公司章程的设计还应涵盖许多细节和特殊情况，凡是对公司的未来发展能设想到的情况，都可以考虑是否有必要纳入公司章程范围。科学的公司章程既要反映出公司的特点和理念，又要有足够的弹性和前瞻性，以适应公司的发展和变化，这也是创业者需要高度重视并深入思考的一点。

关于公司印章必须知道的事

创建公司并不仅仅是拿到营业执照那么简单，办完营业执照后，还有一项重要的工作——刻章。印章管理是一项不常被提起但十分重要的内容。公章、法人章、财务章、发票章和合同章，每个章都有其特定的用途，关乎公司各项业务流程。相关人员需要携带公司的营业执照、法人身份证等证件，到公安局登记备案，再去指定地点刻章。

先来具体了解一下公司的五枚印章吧，如表 1–1 所示。

表 1–1　公司的五枚印章

印章	用途	说明
公章	用于签署合同，处理工商、税务、银行等各种代表公司名义的对外事务	象征公司法人权利，相当于公司的“签名”，用途最广
法人章	用于税务申报、开立公司基本账户、支票背书等事务	法定代表人的签名章，代表法定代表人的意愿。若某合同只加盖法人章，没有加盖公章，仍然有效
财务章	用于财务结算和开具收据、支票、银行汇款单等事务	进行财务操作的必要印章，代表公司的财务决定
发票章	专门用于开具发票	保证发票的有效性和合规性，是税务规定的必要步骤
合同章	在签订合同时加盖表示合同生效	确保合同的法律效力，代表公司对合同的承诺。公章可以代替合同章来使用

有的人按照用途来区分不同印章的法律效力，这其实是一个误区。这些印章在法律上并无严格的效力大小之分，只要按照法律要求使用，并确保使用意图真实，印章的效力都是被认可的。

印章虽小，风险却大。随意使用公司公章是非常危险的行为，如果不慎，公司股东和法定代表人可能会因此承担巨大的风险。

来看看这个例子——

小王是一家制造公司的股东，该公司由于一些业务需求，需要向银行贷款。然而，由于公司的财务状况并不稳定，银行需要担保。小王向自己的朋友小李求助。

小李在一家公司做行政，知道这个情况后，秘密利用公司的公章帮小王签订了一份担保合同，小李所在公司成为担保人。

虽然小李没有经过公司的同意就私自借出了公司的公章，但是根据《公司法》，因为银行并不知情，即使是私下签订的担保合同，也视为公司授权他人使用公司印章，这份合同是有效的。所以，小王所在的制造公司未能及时偿还银行的贷款，小李所在的公司就需要承担担保责任来偿还这笔贷款。当然，公司也可以对小李私自借出公司公章的行为进行内部处理。

在这个事例中，我们看到了公司印章的重要性，即使是私下使用，其行为也很可能被视为公司行为，有法律效力。

公司在注册初期和后续运营过程中，还会遇到很多的印章风险，这里来详细盘点一下，以便创业者做好印章管理。

风险一：印章被仿造或以打印的形式被他人使用

想要预防这种风险，公司在一开始刻章的时候就应做好印章备案。一般来说，未经备案的印章在形状、颜色、大小上比较容易被仿制。备案的印章具有多重防伪特性，这是一道安全屏障。在质量和制作难度上，备案的印章也都远高于未备案的印章。

如果公司印章未备案，一旦遭遇被他人盗用或冒用的情况，可能会给公司带来不必要的纠纷，而公司也很难得到充足的保护。备案后的印章会被公安机关认可，作为合法印章证明，一旦发生问题，公司就可以寻求法律途径来保护自己的权益。

对于已经发生的印章被仿造或以打印的形式被他人使用的情况，在发现印章被冒用时，公司就应迅速执行紧急预案，积极收集证据并进行调查，配合法律机构追责侵权者，探查内部是否存在管理漏洞或疏忽，避免同类事件重演。当然，也不能忘了跟受影响的合作方好好沟通，做好善后工作，减少对公司运营的影响。

风险二：对方使用仿造印章签订合同

在对方用伪造印章签合同的情况下，公司要有一定的辨别真伪能力。真实的印章一般使用宋体字，颜色可能不均匀，形状规整，没有扭曲，边缘可能因为蘸墨不均而有缺口或空白。在文件上的加盖位置也应遵循规则，如通常会盖在公司名称上。在签订合同时，公司应让有经验的员工检查对方的印章，以免被骗。

风险三：旧印章使用

公司如果换了名称，新的印章肯定要用，旧印章也不能扔在一边不管。之前加盖旧印章的文件、合同仍对公司具有法律效力，因为公司名称的变更并不影响公司原来的合同责任。所以，对旧印章的保管工作不能掉以轻心，如果没有特殊需求，索性销毁并备案，也能更好地降低潜在的法律风险。

风险四：印章丢失或被盗

印章保管人应该每天检查印章是否安全，如果发现公司的印章丢失或被盗，要立即向工商部门报案，还要登报声明印章作废，防止印章被不法分子利用。如果条件允许，还可以在不用印章的时候把它放在保险柜等安全地方，这样能进一步保证印章的安全性。

风险五：印章管理混乱

印章管理混乱主要是因为内部管理没做好。为了解决这个问题，公司得先建立一个严格的用印规定，保证每次用印都经过一套合规的审批流程，然后再做好记录，这样就可以避免产生审批材料和用印材料不一致的问题。然后指定专人来保管印章，这个人要能把握好规定，对待所有用印申请要仔细审查，遇到有问题的就得马上拒绝。更仔细的话，每次用印结束后，还要做好复印文件，把使用的印章和相关文件留档，以后查证就方便多了。

除了上面这些风险，实际上还有很多其他的印章风险。做好印章的保管和使用管理是防范这些风险的基础。

印章如果乱放，就容易被人偷走，或者在不经意间丢失。所以，印章得由特定的人保管，不得随便给别人，也不得随意带出去。对印章的保管，要有专门的记录，写清楚印章的一些基本信息，如印章的名称、收到日期、启用日期、领取人、保管人，还要有印章的图样等。

使用印章也得遵守规定，不能乱盖。比如说，不可以盖在空白的资料、介绍信、信纸上，盖出的印章要清晰、美观，方便别人辨认。而且，印章只能用在公司的相关业务上，不能用在对公司不利的地方。

看似简单的印章保管和使用，其实就像一个小小的防火墙，有效地保护了公司的合法权益。一旦这道防火墙被突破，公司可能就会面临诸多风险，包括法律纠纷、经济损失，甚至可能影响到公司的声誉。所以，从财务避险的角度来说，创业开始，管理就开始了。印章虽小，但越小的事情越不能忽视。

银行开户的注意事项

有些创业者刚注册了新公司，往往会有这样一个疑问："我刚注册的公司，还没业务呢，需要立马开设一个银行对公账户吗？"

答案是肯定的。开设银行对公账户对于一家新成立的公司来说，不仅是必要的，还是至关重要的。对公账户其实就是公司的"钱袋子"，是公司用来收取和支付款项的银行账户。有了这个账户，公司才能正常地进行各类经营活动。

对公账户可以帮助公司更好地管理和监控资金流动，提升公司的信誉。如果一家公司没有对公账户，所有的收入和支出都会变得非常混乱，不利于经营。对公账户可以使公司看起来更加专业和正规，这样才能赢得客户的信任。而且，如果公司想要申请贷款、发行股票，或者想要进驻各大电商平台，都需要有一个正式的对公账户才行。

最重要的是，对公账户还是税务机关对公司进行税收管理的重要依据，如果公司没有对公账户，就无法正常缴纳税款，也无法正常报税。这样一来，公司就可能会被税务机关认定为违法经营，这无疑是一场灾难。

说到这里，有的创业者可能会问："能不能用我的个人账户来代替对公账户？"

这样做是违反《公司法》的，因为个人账户和对公账户在法律上是有明确区分的。要知道，现在个人银行卡交易超过 5 万元就会被监控，如果用个人账户来进行公司的业务操作，那很可能引起税务机关的关注，可能会被认定为逃税行为，给公司带来麻烦。

当我们谈到对公账户时，可能会听到一些像"基本户""一般户""专用存款户"和"临时存款户"等词语。这些都是对公账户的类型。不同类型的对公账户在公司的日常运营和发展中起着不同的作用（如图 1–2 所示）。

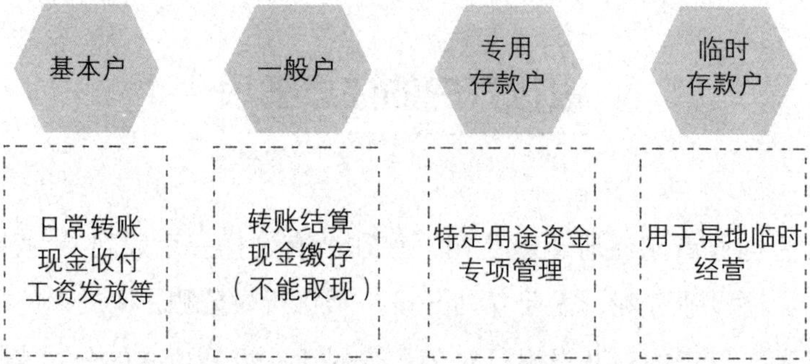

图 1–2　对公账户类型

基本户是公司日常经营的主要账户，所有的现金支取都必须通过这个账户来办理。每家公司只能有一个基本户。一般户可以帮助公司更好地管理财务，防止资金混乱。每家公司可以开设多个一般户，如为了一个特定项目或者特定的业务线开设账户，但一般户只能转账，不能支取现金。专用存款户和临时存款户并不常用，如果公司近期有一个大项目或者投资，可能会开设专用存款户。如果公司因为经营需要在外地设立一个临时机构或进行临时经营活动，可能会开设一个临时存款户。

具体开设哪些对公账户，需要根据公司的实际情况和业务需求来决定。这里主要介绍一下基本户的开设，这是在公司注册时就需要开设的账户，对于创业初期的公司来说，一个基本户一般也就够用了。

开设一个基本户其实很简单，就是准备好所有的材料，去银行配合工作人员办理就可以了。

材料一般包括全套的公司注册资质证件。如营业执照正本和副本，公司公章、财务章、法人章，以及法定代表人的身份证原件和办理人的身份证原件。有的银行还可能会要求提供公司章程、租赁合同、房产证明等其他文件，有的银行还会要求法定代表人必须到场。具体可以提前给银行打电话问清楚并预约好办理时间，把材料准备齐全再去，避免跑空和长时间的等待。

开设基本户的银行最好选择离公司较近的，因为后期可能会经常去银行办事。当办理人到达银行并提交所有准备好的材料后，银行将进行审核。这个过程可能会持续一段时间，期间可能需要填写很多资料，或者需要银行工作人员上门拍照，审查公司情况，最后等待审核通过就开户成功了。现在已经取消开户许可证，不再发放。

开户成功后，公司会收到银行给的网银盾、回单卡等物品。不同的银行可能会有不同的网银操作规则。多数银行会给两个网银盾，一个是操作盾，用来提交转账等操作内容，另一个是审核盾，用来进行操作审核。这两个网银盾未来可以分别交给公司的出纳和会计。回单卡看起来就像是一个银行卡，是后续用来打印交易回单的工具。

有的银行还会要求在开设账户后存入一些钱，这样可以更好地激活新开设的账户，防止公司账户因为创业初期没有业务，长期不用，而成为一个久悬账户。

在未来的每个季度，财务人员还需要对这个账户进行对账。可以选择在电脑上操作，也可以开通企业手机银行。如果没有及时进行对账，账户可能会被锁定。

对公账户能有效地隔离公司和个人的财务活动，避免潜在的税务风险，这一点对于任何规模的公司来说都是至关重要的。所以，开设对公账户不仅仅是完成了一项行政任务，还是开启了公司财务管理的新旅程。拥有对公账户，公司财务管理才有可能走上正轨，拥有一个规范、清晰的开始。

及时进行税务登记

新公司成立后，创业者可能会迫不及待地投入经营活动中。别忙，还有一件事情必须办，就是税务登记。在领取营业执照后的30天内，必须前往公司所属地税务机关进行税务登记。

根据《中华人民共和国税收征收管理法》的规定："纳税人有下列行为之一的，由税务机关责令限期改正，可以处二千元以下的罚款；情节严重的，处二千元以上一万元以下的罚款。"其中一条行为就是"未按照规定的期限申报办理税务登记、变更或者注销登记的"。

不只罚款，如果责令限期去登记还是不去，那么"逾期不改正的，经税务机关提请，由工商行政管理机关吊销其营业执照"。所以，新公司成立后，税务登记这件事情，千万不能忘。不仅要记住，还要尽快行动，按时完成。

税务登记就是税务机关对公司进行税务信息核定的过程，认定公司的税种，明确纳税责任，确定公司的会计制度，填报各种表格等。

这一节内容之所以要放在银行开户后面来说，是因为税务登记需要先到银行开户。只有开好户，公司才能在税务登记的时候和税务局、银行签订三方协议，后续每个月税务局可以自动从银行基本户中扣除税款和员工社保费用。

除了银行账户，税务登记还需要准备好公司的各项材料，如公章、营业执照、房产证或租房合同、法定代表人的身份证，还有公司的报税员身份证，以及其他税务机关要求的资料。然后就可以直接去公司所在地的区政务中心或税务大厅进行登记了。

到了政务中心或税务大厅，需要填写一份财务会计制度备案表。填好之后，交给窗口的工作人员，然后会收到税种核定表，详细列出了公司需要缴纳的税种，以及各种税的申报时间。这就是税务登记的核心，用来指导公司的未来税务活动。另外还需要实名采集，这个过程需要公司法定代表人、财务负责人、办税人员的参与，一步一步按照工作人员的指示来完成即可。

相比之下，线上登记可能更为方便。只需要登录所在地区的电子税务局官网创建一个账户，然后根据网页指示填写一些公司的基本信息，如公司名称、注册地址、经营范围等，还要根据自己的经营状况选择适合的税种，然后选择税务登记选项。在这个过程中也需要绑定公司的财务负责人和办税员的信息。最后还要签订三方协议，授权税务机关直接从公司银行账户中扣除税款。提交所有信息后，公司就可以申请线上进行税务登记，然后等待审核通过即可。

新成立的公司想要开发票，需要到税务局申办税控 UKey，下载安装开票软件，然后申请电子发票。

至于报税，如果公司刚开始没什么业务，是可以进行零申报的，直到公司有了业务，产生利润再缴纳税费。不过要注意，如果长期零申报可能会导致公司被列入重点监控，发票数量和种类也会被限制，甚至公司的纳税信用等级可能会被列为 D 级，这对于公司经营是很不利的。

在税务登记过程中，还有一个事项是容易被创业者忽略的，就是纳税人身份的选择，一般不作选择的话默认是小规模纳税人，还有一般纳税人身份可以选。这个选择关系到公司的税率，以及公司税收的管理和报告方式。那么，这二者具体有什么区别呢？区别如表 1–2 所示。

表 1–2　小规模纳税人和一般纳税人的区别

项目	小规模纳税人	一般纳税人
销售额标准	500 万元及以下	500 万元以上
计税方式	简易计税	一般计税
增值税税率	适用 5%、3%、1% 等	适用 13%、9%、6%、0% 等
发票抵扣	不能抵扣增值税进项税额	可以抵扣增值税进项税额
申报期	季度申报	月度申报
身份转换	可以转为一般纳税人	不可以转为小规模纳税人

小规模纳税人适合那些规模不大、销售额较少、财务管理较为简单的公司，这些公司的会计核算可能并不健全，也没办法准确地计算增值税的销项税额、进项税额和应纳税额，只能按销售额和规定的税率计算税款。税务局通过查账征收、核定征收等征收方式向这些公司征收税款。

一般纳税人则适合规模较大的公司，年销售额超过了 500 万元这个规定标准，财务管理比较健全，根据购买商品或服务的发票抵扣税款，虽然处理起来更复杂，但是可以节省一些税款。

那么，新注册的公司应该选择哪一种身份呢？要看五个方面，如图1–3 所示。

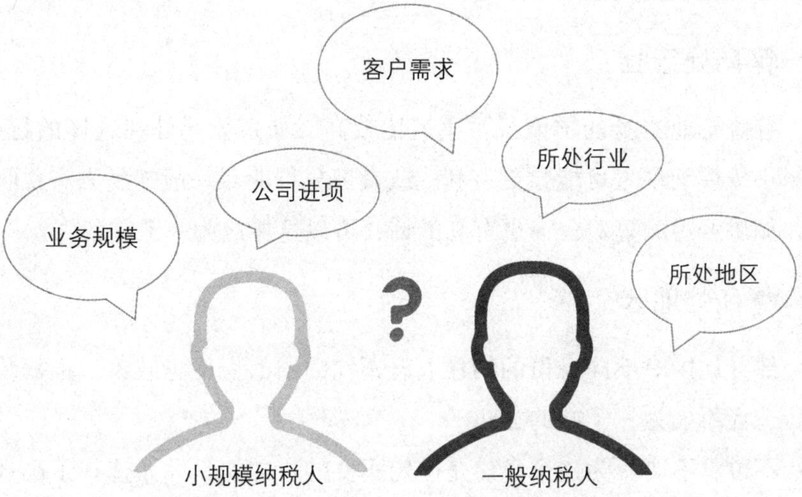

图 1–3　纳税人身份选择考虑因素

业务规模

如果创业者很有把握，预估公司年度营业收入能高于 500 万元，甚至超过千万元，那就选一般纳税人，这样可以抵扣进项税额，节省一大笔税款。而如果公司的业务规模较小，如月销售额在 10 万元以下，就选择小规模纳税人，税率更优惠，甚至符合条件的还可以免征增值税。

公司进项

如果公司日常有大量的进项发票，可以测算一下按照小规模纳税人的税率全部计入成本和按照一般纳税人的税率进行税额抵扣，哪种计税方式对公司来说更省钱，就选择哪种。

客户需求

如果公司的主要客户大企业居多，大企业需要进行增值税进项税额的抵扣，所以大概率不愿意接受3%征收率的增值税专用发票。这样的话，公司最好选择成为一般纳税人。如果客户对此没有硬性要求，那么选择小规模纳税人也未尝不可。

所处行业

有些行业本身的增值税税负就比较高，如果公司处在这样的行业，选择小规模纳税人可能会更有利。或者部分行业对一般纳税人有税收优惠，如果经过测算对公司更有利的话，可以选择成为一般纳税人。

所处地区

部分地区对不同身份的纳税人有不同的增值税优惠政策，根据政策进行选择不失为一个好的方法。

不过，不要认为这个身份是固定不变的，即便一开始选择了小规模纳税人，如果在后续经营过程中，出现连续12个月或在12个月内累计营业额超过了500万元，就会被强制转变为一般纳税人，开始按照一般纳税人的规则计算和缴纳税款。另外，如果公司是工业企业，并且在12个月内的销售额累计达到500万元，就需要在当月申请转为一般纳税人。如果在那个月没申请，那么下个月就会被强制转为一般纳税人。

当然，即便没有强制要求，满足一定条件也是可以主动申请成为一般纳税人的。如果公司主要从事货物生产或提供应税劳务，再或者既从事这些活动，又兼营货物批发或零售，年度应纳增值税的销售额在100万元以上，就可以申请转为一般纳税人。如果公司只从事货物批发或零售，就需要年度应税销售额在180万元以上，才可以申请转为一般纳税人。还有一种情况，如果公司会计核算比较健全，能够提供准确的税务资料，也可以主动申请成为一般纳税人，经过税务机关的批准，即可完成身份转换。

创业者要学会运用财务思维进行决策。公司经营的目标就是要实现营利，所以不管选择什么身份，大原则都是在符合税法的前提下，做出最有利于营利的决定。这个过程可能会有点复杂，把专业的事交给专业的人处理是明智的选择，特别是税费申报和税务筹划等工作，都需要专业的会计或者税务顾问来帮忙，创业者要做的是智慧管理，而非凡事亲力亲为。

第二章　财务管理，专业的事交给专业的人

堆砌的数据、错综复杂的报表，让很多创业者不知所措。俗话说：“隔行如隔山。”财务管理是一项复杂的管理工作，如果没经历过系统学习和工作磨炼，的确很难驾驭。

创业者需要明白一点：你可以不懂财务，但不能不懂管理。其实你不一定要亲自下场搞懂每一个细节，如何“用人”才是你的管理智慧，把专业的事交给专业的人才是明智之选。

同时，你还要知道，财务管理本身是为战略服务的，无论是想提高盈利，还是想增加市场份额，抑或是其他的战略目标，财务管理都能成为最佳辅助。只要把握这个原则，不论公司处于哪个发展阶段，你都可以利用财务思维去审视和指导公司稳健发展，让财务管理发挥出最大的价值。

财务管理不等于记账

公司的成功离不开营利，营利两条路——开源和节流。从传统意义上来说，开源主要依靠业务拓展，但事实上，投资也是一个非常重要的开源方式。节流更得依靠内部控制，进行预算管理。这些都是财务管理的内容。可以说，企业要想营利，就离不开财务管理。

那财务管理是什么呢？很多人会有一个错误理解，如图 2–1 所示。

图 2–1　财务管理理解误区

谈及财务管理，有的人会简单地认为："不就是记账、报税那些事吗？"这种流于表面的理解其实只触及了财务管理的冰山一角。记账只是财务管理的起点，而非终点。

记账固然重要，能帮管理者了解公司的财务状况，了解钱从哪里来、到哪里去。但是，仅仅了解这些足够吗？显然不够，因为这还没有充分发挥出财务管理的真正价值。如果只做记账，我们怎么能知道公司的成本是否过高？怎么能知道哪些产品或服务是能够获得利润的，哪些是容易亏损的？怎么能知道公司的资金是否被有效利用？公司面临的财务风险有多大？公司应该投资什么，放弃什么？这些都是财务管理需要解决的问题，也是财务管理的价值所在。

真实的财务管理比记账要复杂得多，涵盖的领域也更广泛，从会计核算、成本控制，到资产管理、投资决策，乃至风险管理，应有尽有。越是规模大的公司，财务管理一般也越是精细化。

财务管理，简单来说，就是管钱。管收到的钱，管支出的钱，管存留的钱，管欠的钱，还管用钱换来的资产，甚至管怎么赚到更多的钱。在这一系列管理环节中，记账只能算是最基础的一环，属于会计核算范畴。

会计核算的任务是要全面、准确地记录公司的所有财务交易，无论是一笔微小的日常开销，还是一份庞大的投资合同，都必须被精确地记录下来。只有清晰明了地知道公司的钱花在了哪里，才能更好地管钱。

一旦有了这些清晰的核算数据，就可以看出公司运营的情况，看看哪些地方花的钱多，哪些地方花的钱少，哪些地方花的钱划算，哪些地方花的钱不值。公司就能根据这些情况进行成本控制。

成本，可以看作公司为了得到收益所付出的代价。而控制成本，其实就是在尽量减少这个代价的同时，尽可能地增加我们的收益。比如，预算管理就是一个很好的成本控制办法。为公司设定一个预算，然后时刻监控所有的花销，看看是否有超出预算的地方。如果有，就找出原因，看看哪里可以改进，或者预算设置是否合理。

不过，控制成本只是在“节流”，财务管理的更高价值还体现在“开源”上。这就涉及投资决策。公司的决策者需要结合自身的财务状况和市场环境，评估各种投资项目的价值，看看哪些项目有可能为公司带来收益。这个过程并不容易，需要很多数据的支持，如投资的成本、预期的回报、可能的风险等，这些都需要财务部门配合。

除此之外，风险管理也是财务管理的重中之重。在商业世界中，风险无处不在，多少公司都败给了现金流断裂，前车之鉴，不可不防。一家成功的公司，是一家能够有效管理风险的公司。风险管理需要时刻关注公司的一切财务行为，看看有没有地方可能出现问题。比如，公司的资金支出是否过快，公司的资金是否流向了应该去的地方，员工的报销是否都是真实有效的，客户回款及时与否，存货周转速度怎么样，资金链牢不牢固，等等，这些都是需要时刻关注的问题。完善的风险管理，可以帮助公司预防风险，减少损失，甚至能够使公司从风险中找到新的机会。

说到这里，还不是财务管理的全部内容。

财务管理不只要管理财务，还要服务于整个公司，为公司的各个部门提供有价值的信息。比如，销售部门可以通过财务数据来了解产品的销售情况，生产部门可以通过财务数据来了解生产成本的构成，这些都可以帮助他们更好地做出决策。同时，当公司需要进行业务竞标，提供财务报表、经营数据、财务相关信息时，财务部门就要密切配合销售部门或招投标部门完成工作。这种内部的合作，实际上是财务管理的一种服务，是公司能否顺利运行的重要保障。

所以，说到底，财务管理就是一项能帮助公司有效利用资源，实现目标的管理活动，是公司趋利避害的手段。记账，只不过是这个活动中的一个基础环节。其实，公司的每一步发展，都离不开资金的支持，创业初期更可能资金有限，但有了精细的财务管理，即使是有限的资源，也能创造出无限的可能。为你提供决策的依据，帮你看清投资的风险和机会，让你的每一分钱都花得其所。

循序渐进，建立财务部门

微型的创业公司，资金有限，业务也没多少，找代账公司来完成一些基础的财务工作是一种常见的选择，这样可以省下专职财务的人工成本。很多代账公司也比较专业，可以帮公司规避一些财务上的风险。

然而，代账公司良莠不齐。这里要提醒的是，在挑选代账公司的过程中，创业者必须保持警觉，不要轻易陷入“低价代账”的陷阱。现在市场上有很多低价代账的公司或个人，他们宣称的服务价格低得惊人，有的甚至号称 9.9 元一个月。部分刚起步囊中羞涩的创业公司禁不住诱惑就会上当。

要明白，这个世界上没有免费的午餐，天上掉馅饼要小心被砸到头。你可能以为自己捡到了便宜，对方反而觉得终于有“冤大头”上钩了。选择这样的低价代账服务就像打开了潘多拉的盒子，他们可能会以各种各样的名目向你收费。9.9 元只是一个开始，是一个诱饵，当你真的需要他们的服务时，他们会告诉你，这个服务需要额外收费，那个服务也需要另外支付，总之就是加钱，再加钱。

单是如此也就罢了，一些代账公司不仅收费不正规，专业能力也堪忧。他们可能根本没有足够的专业知识和经验，你却把公司的财务工作交给了他们，公司的账目可能会变得一团糟。一旦账目出了问题，你面临的可不仅仅是资金问题，还有可能是法律问题。所以，选择代账公司一定要慎重，不要被低价代账吸引，而忽视了实际的问题。

财务管理对一家公司来说，是关乎生死存亡的关键环节，任何轻率的决定，都可能带来无法挽回的损失。对十分重视财务管理的创业者来说，建立自己的财务部门是最好的选择。

但是，如果限于成本做不到建立一个健全的财务部门，怎么办呢？

其实大可不必一步到位，循序渐进才是合理的。在不同的发展阶段，公司对财务的需求也不一样。适时调整和设置岗位就可以，没必要一开始就把所有的财务岗位都设立起来，这样会造成资源的浪费。

在创业初期，公司刚成立，一切都是全新的，公司规模不大，可能只有你和几个合作伙伴，也没有大量的客户和订单。在这个阶段，你可能只需要找一个懂一点财务知识的朋友，或者聘请一位熟悉基础财务工作的人来帮你处理一些简单的财务问题。比如，记录公司的收支、做一些基础的税务处理等简单的日常财务事务，确保公司不会因为疏忽引来麻烦。当然，也有一些初创公司本身起点很高，业务也比较复杂，就可以直接成立财务部门，具体参照下一阶段。

随着公司不断成长，业务量逐渐增加，订单也越来越多，财务问题开始变得复杂。此时，你就需要设置不同的财务岗位，招聘几名专业的财务人员来处理公司更复杂的财务工作。他们的职责可能包括记账、报税、审计、财务分析、资金管理等。每个岗位各司其职，都有自己明确的职责和目标。

这相当于已经初步建立起一个基本的财务部门。此时分工的细化已经开始凸显。分工细化不仅可以使每个人更清楚自己的职责，更专注于自己的工作，还可以避免因职能重叠而产生的矛盾和冲突，实现人力资源的优化利用。相当于把财务管理这一块巨大的"拼图"分解为每个小的部分，部门的每一名员工都专注于自己的部分就能共同完成所有的工作。值得一提的是，当每个人都在做自己擅长的事情时，工作的满意度和效率也会提高，整个财务部门的运行将更为顺畅，为公司的持续发展提供强有力的支持。

不过，在这个阶段，内部控制需要被特别强调。内部控制是一种管理手段，目的是防止公司内部的错误和舞弊行为。怎么理解呢？通俗来说，就是一个人容易犯错误，两个人相互监督会好一些。在公司里，如果只有一个人负责所有的财务工作，那么这个人就有可能因为疏忽大意或者故意瞒报，而导致公司的财务出现问题。比如，会计和出纳就是两个不相容的岗位。如果一个人既是会计又是出纳，既管理着公司的钱，又负责复核账目，那么这个人很可能会有机会作假，因为没有人监督。如果把这两个岗位分开，让不同的人来做，二者就可以互相监督，互相约束，这样就大大降低了舞弊和出错的风险。

有了相对完善的财务部门和初步的内控机制，你的公司蓬勃发展，为了进一步扩张，需要进行一些大的投资和融资活动，如并购别的公司，或者考虑上市等。这些大事件并不是一蹴而就的，需要精心策划和执行。这时候，财务团队就会起到至关重要的作用，可以对投资项目进行深入价值评估，分析投资的收益和风险；在融资的时候，也能为融资活动设计出一套周全的方案，包括资金的来源、使用的目的、还款的方式等。

收益越高，风险也越大，在这种情况下，公司还需要一个强有力的风险管理机制，以应对可能出现的各种风险问题，包括但不限于市场风险、信用风险、流动性风险等。财务团队需要对这些风险进行识别、评估和控制，使公司在追求利润的同时，也能保持稳健发展。

为此，公司的财务结构和财务政策也需要进行相应的调整。比如，可能需要优化资本结构，以降低融资成本；可能需要调整财务政策，以符合新的会计准则和税务规定。总之，一切按照公司的实际情况来具体实行即可。

当扩张到一定规模，公司已经在市场中稳定立足，业务也得到了相对稳定的发展，终于从一艘小船成长为巨轮。这样的转变势必会带来更多富有挑战性的财务问题，需要更加精细地调整和优化。财务部门的职责也会随之转变。

那些日常的记账报税、资金管理、投融资管理、风险管理等工作已经驾轻就熟。于是，财务部门承担起更重要的任务，就是对公司数据进行深度分析，从中发现可能存在的问题，找出优化公司运营机制的机会，就像是给巨轮定期做检查，修修补补，以保证公司的运营始终处于最佳状态。比如，进行深入成本分析，找出可能存在的浪费现象，以此来优化公司的成本结构；对销售收入进行深度分析，找出哪些产品或服务最具利润性，然后将资源优先投入这些领域。这个阶段的财务部门还需要有能力识别公司的发展机会，对管理层提供深度决策支持，帮助公司做出更加明智的决策。

以上各个阶段的需求不是绝对不变的，公司有了相应的需求就可以增设相应的岗位。就算是初创企业，如果有能力，也应该做预算管理，健全内部控制机制。

创业不易，无论公司处于哪个发展阶段，是创业初期还是逐步发展壮大，一个专业的财务部门，一个强大的财务团队，都是最值得依赖的伙伴。创业者需要时刻关注财务，了解财务，利用财务，来推动公司的持续发展。虽然建立财务部门是一笔不小的开销。但是，这绝对是一笔值得的投资。

财务管理是为企业战略服务的

企业战略，虽然听起来很“高大上”，很抽象，但理解起来很容易。这一概念其实就是在讨论公司的发展道路怎么走，是先占据更大的市场份额，还是专注于做产品。就像人们出门旅行带的地图导航，能告诉我们走哪条路才能到达设定的目的地。企业战略目标就是那个“目的地”，战略规划就是这个“导航”。

有的人会觉得，企业战略是大企业才需要的，小企业谈战略就是一句空话，这是一种思维误区。战略可不是大企业的专利，不说小企业，就连初创企业也同样需要。

假设你开了一家小店，你以为这么小的一家店，不需要什么战略，只要每天卖货、赚钱就行了。可是，再想想看：你理想中的小店长什么样？你今天卖什么？明天卖什么？后天呢？怎么卖？在哪儿卖？卖给谁？你要怎么让更多的人知道你的小店？你怎么才能让他们成为你的忠实顾客？把这许多问题的答案凑在一起，其实就是一家初创企业的战略，如图 2-2 所示。

图 2-2　小店的战略思考

也许你会说："我可以随机应变，不需要确定的战略。"是的，灵活性是你的优势，但这并不意味着你可以没有方向。假设你的小店今天卖这个，明天卖那个，一会儿定位是卖给小朋友，一会儿定位是经营老年人用品，没有规划，就很难有回头客，很难有固定的进货渠道，也可能会错过各种各样的机会。

所以，无论企业大小如何，都需要战略，初创企业也是这样。有了战略，刚刚起步、资源有限的初创企业才能知道应该做什么产品或服务，应该把这些产品或服务卖给谁，产品能卖多少钱，成本是多少，企业能从中赚到多少，以及如何才能让这些产品或服务在竞争中脱颖而出。这些都是企业创立之初就需要思考的问题。

上面这些问题，其中很多都与财务有关。

没错，财务管理就是为企业战略服务的。当企业设定了一个清晰的战略目标时，在实现这个目标的过程中财务管理将起到重要的推动作用。

怎么推动呢？财务管理是一个系统化的工作，包括了很多方面，如记录报告、财务分析、支持决策等。所有这些工作都将为企业实现其战略目标添砖加瓦。

假设有一家初创的软件开发公司，其战略目标是三年内在市场上占据一席之地。要实现这个目标，先要生存，该公司的收入主要来自销售软件产品，而支出则包括工资、租金、采购电脑和软件等。财务管理在这里的作用就是确保所有的收入和支出都能及时支付，并被准确地记录下来。这样，公司就可以通过财务报表随时了解自己的财务状况。比如，是否有足够的资金来支付下个月的工资和租金，是否有足够的收入来研发新产品等。

从记录和报告这个角度来说，企业的目标是增加市场份额，财务数据正是衡量这个目标的工具，恰能评估企业是否在正确的道路上，以及距离目标还有多远。资产负债表、利润表和现金流量表等，都是展示企业现状和未来可能性的镜子。

比如，通过资产负债表，我们可以了解到企业的资产和负债情况，也能看到企业的权益情况。如果发现企业的负债过多，就可以对债务进行重新安排，确保企业的健康发展。如果发现企业的权益在不断增长，说明其策略很可能是对的。利润表可以告诉我们企业的营收情况，通过对比过去的数据，可以判断企业的营收是否在增长，这是企业战略中至关重要的部分。同时，利润表也能显示出成本情况，观察成本是不是在不断增加，然后找到更有效的方法来降低成本。还有现金流量表，一家企业能否持续运营，现金流是关键。如果企业的现金流正常，那么其运营就能保持顺畅，反之则可能会导致运营问题，甚至破产。这些都是财务管理所能做到的。

在战略目标的驱动下，假设这家软件公司计划在下一年度推出一款新产品，就需要预测新产品的销售收入，以及为了研发新产品需要投入的成本。财务管理在这里的作用就是帮助公司完成这些预测。

比如，利用过去的销售数据，分析公司的历史销售趋势，然后根据这个趋势来预测新产品可能的销售收入。同时分析市场上同类产品的销售情况，了解市场对此类产品的需求，以及可能的市场份额。除了过去的销售数据和市场信息，还需要考虑新产品的特性和定价策略对销售收入的影响。如果新产品有独特性、创新性，可能会吸引更多的消费者，带来更高的销售收入。同样的，如果定价策略恰当，也能帮助公司实现利润最大化。

然后来看预估新产品研发的成本。这涉及公司过去的研发成本数据，如人工成本、原材料成本，以及可能的外包服务成本等。财务部门需要与研发部门合作，理解研发流程，预估新产品可能的研发成本。另外，还需要考虑可能的成本风险，如原材料价格上涨，或者研发过程中可能遇到的问题和延误，这些都可能导致成本增加。

预测新产品的销售收入和研发成本只是财务分析的一部分，财务部门还需要考虑公司的现金流情况，是否有足够的资金来支持新产品的研发和上市。财务部门需要做好现金流预测，以确保公司在任何时候都有足够的现金流。

以上这些工作都需要财务部门的支持。

后来，新产品上市反响不错，为了进一步实现战略目标，这个软件公司开始考虑扩大研发团队，于是需要计算扩大研发团队的成本。

这一成本可以分为直接成本和间接成本。直接成本主要包括新员工的薪资和福利支出，如社会保险等。如果公司需要为新员工购买设备，如电脑和软件，这些也需要计入直接成本。间接成本包括因为团队规模扩大带来的办公空间租金提升，电费、水费等公共设施费用增加。如果需要增加管理人员，提升管理效率也算间接成本。这些间接成本经常被忽略，但是其在决策过程中也非常关键。

在计算了成本之后，财务部门还需要预测扩大研发团队可能带来的收入增长。这一部分可能包括由于研发能力提升，开发出的新产品带来的销售收入，还需要考虑到因为团队扩大，可能会带来的工作效率提升。比如，更多的人手可能意味着更快的项目完成速度，研发周期缩短，产品将提前推向市场，从而更快实现收入。更多的人手还可能意味着可以分担更多的工作，降低员工的工作强度，从而提高工作效率和产品质量，这同样也能带来额外的收入。

不过，扩大研发团队的决策并不仅仅涉及收入和成本的计算，还关系到其他因素，如市场竞争情况、公司现有的人才储备、公司的战略定位等。这就需要财务部门与其他部门，如人力资源部门、市场部门、战略部门等展开紧密协作。

在整个决策过程中，财务管理起到的作用是最关键的，为公司提供准确、详细的财务信息，帮助公司理解扩大研发团队可能带来的经济影响，从而使公司决策者做出更明智、更具有远见的决策。而这种决策支持作用，在公司的每一次战略决策过程中都是必不可少的。

以上就是财务管理为企业战略服务的部分场景，可以看出实现战略目标的每一步都离不开财务管理。所以，无论是初创企业，还是已经成熟的大企业，都需要将财务管理真正融入企业战略管理中。

制度在前，管理在后

在探索企业财务管理的策略时，不得不提到财务管理制度，也可以简单称为财务制度。

制度存在的目的是让管理活动有所依据。在财务管理活动中，明确的制度可以规范活动的流程，对财务责任和权利进行明确划分，防止人们在处理财务问题时迷失方向，出现财务风险。比如，制度会明确指出如何编制预算，如何处理发票，如何编制财务报告，如何开展内部审计，等等。这些规定确保了财务活动的合规性，确保每一位参与者都明白自己的职责和权利，避免了可能出现的违规行为。

以制造企业采购原材料为例，这个采购流程可以被规定得非常详细，假设流程如下。

制造企业采购原材料流程：

①需求预估。生产部门根据生产计划和存货状况，预估出原材料的需求量，并向采购部门提交原材料需求单。这份需求单需要明确指出所需原材料的种类、数量、预期交货日期等信息。

②采购计划。采购部门接到需求单后，根据企业的采购策略和市场情况，制订采购计划。这个计划需要包括原材料的供应商选择、价格谈判、交货时间等信息。

③财务审核。财务部门收到采购计划后，会根据企业的预算和现金流情况对采购计划进行审核。审核内容包括是否超出预算、采购金额是否合理、是否符合企业的财务政策等。

④采购执行。一旦采购计划得到批准，采购部门就可以开始执行采购。这包括与供应商签订采购合同、财务付款、确认交货日期等步骤。

⑤验收与入库。原材料到达后，仓库部门需要按照验收标准对其进行验收，确认数量、质量等信息无误后，才能将原材料入库。

⑥财务确认。原材料入库后，财务部门需要确认收货凭证和采购合同，核对数量和金额，确认无误后才能将此次采购的金额从预算中扣除。

从这个流程中我们可以直观地看到制度规定详细，该做什么，该谁配合一目了然。

制度在前，管理在后，有了制度，管理就有了依据，初创企业如果能从一开始就理解这一点，能为其后续的财务管理活动打下坚实的基础。

“制度在前”意味着，制度是为管理服务的。为了使管理活动更加有序、系统和有效。制度规定了各种财务管理活动的流程和规则，为财务管理活动提供了明确的参考和指南。没有明确的制度，财务管理活动就可能变得混乱，方向不明，无法达到预期的效果。

比如，前面提到的制造企业原材料采购，如果没有明确的制度规定采购的流程，采购部门可能会根据自己的判断随意采购，不考虑企业整体的生产计划和财务状况。这可能会导致原材料的过度采购，企业的资金浪费，或者因为没有准确预估生产需求，导致原材料供应不足，影响生产进度。而按流程办事，采购部门就能知道应该在何时、何地、何种情况下进行采购，保证采购活动的合理性和有效性。

“管理在后”则意味着，管理活动必须依赖制度来进行。有了明确的制度，员工可以清楚地知道自己的职责和权利，明白自己应该做什么，不能做什么，违反规定会有什么后果。管理人员也可以根据制度对管理活动进行有效监控和调整。

说回采购原材料的例子，根据制度，生产部门需要预估生产需求并提交原材料需求单，采购部门制订采购计划，财务部门则负责审核这个计划，确保企业有足够的资金进行采购。审核通过才能正常采购，按流程入库。当每个部门都在制度的框架下执行自己的职责时，整个企业的运营就显得十分顺畅且有效。

这里还可以看到，整个采购过程是需要多个部门配合完成的，所以，如果认为财务制度就只是财务部门的制度，就大错特错了。财务制度是一切财务管理活动的制度，规范的并不仅仅是财务部门的行为，更是企业所有的财务行为，包括其他部门与财务相关的所有活动，如销售收入的确认、支出的审批，人员招聘和培训的费用支付，企业软件、设备等资产的购入和处置。总之，所有与钱相关的行为都在财务制度的规范之下。

制定财务制度并不复杂，也可以看成制作一份操作手册，需要很大的细心和耐心。最直接的方法是收集和整理企业现有的财务行为规则，看看企业现在是怎么处理这些事务的。然后根据企业的管理思路，对这些规则进行整理和优化，这个过程可能有点琐碎，但是必不可少，只有这样才能制定出一套完全适合自身企业特性的财务制度，而不是照搬别家企业的财务制度。

这里之所以强调根据企业管理思路来制定财务制度，是因为遵循制度在前，管理在后的原则，并非要把制度和管理完全割裂，一个在前一个在后，单向流动，反而要合二为一。

制度是管理意志的体现，财务制度必须体现企业的管理思路。如果制度与管理思路不一致，那么制度的执行就会形同虚设。“在前”只是代表工作要提前做，制度要提前制定好，让人知道该怎么做，才好提升管理效率，而不是脱离了管理来谈制度。

所以，在这个过程中，财务制度制定者需要全面了解和分析企业的财务状况和管理需求，确保制定的财务制度能够满足企业的实际需求，推动企业的健康发展。当然，必要的时候也可以参考其他企业的财务制度，查漏补缺，完善自身的财务制度。

例如，如果企业希望强化内部控制，更好地管理费用支出，那如何报销费用、如何审批费用这些内容就需要特别注意，制定出完善的费用报销制度和个人借款管理制度，让这些制度有效地支持企业的管理需求和战略目标。而如果企业希望通过加强资产管理，提高资产的使用效率，那么在制定财务制度时，就需要加强资产采购、使用、报废等方面的规定，以提高企业的资产管理水平。

财务制度并不是一成不变的。就像企业战略和管理思路会随着时间和环境的变化而变化一样，财务制度也要随着企业的需求而调整。换句话说，财务制度必须具有一定的灵活性和成长性。企业应当定期或者在必要时对财务制度进行审视和调整，以保证制度能够持续满足企业的实际需求。

一般的财务管理制度包括但不限于以下内容，如表 2–1 所示。

表 2-1 财务管理制度主要内容

项目	主要内容
总则	对财务管理制度的目标、适用范围、管理原则等进行明确规定
财务预算制度	规定预算的制定、执行、监控和修订流程
财务报告制度	明确财务报告的周期、内容、格式和审批流程
资产管理制度	涉及固定资产的记录、跟踪、折旧和处理
财务风险管理制度	规定识别和管理可能影响企业财务状况的风险的措施
内部控制和审计制度	设立内部控制和审计的流程，保证财务信息的准确性和完整性
税务管理制度	包括税款的计算和支付，以及税务规划和合规
现金管理制度	规定现金流量的管理，以及现金收入和支出的计划和控制
费用报销制度	明确员工如何报销费用，包括报销的流程、报销单据的要求等
个人借款管理制度	规定员工如何借款，不同用途的额度限制，以及借款的还款和记录方式
采购审批制度	包括采购申请、审批、验收、入库和付款等全过程的管理
法律责任	规定违反财务制度的员工应承担的法律责任
附则	包含制度的解释权归属、制度的修改和废止，以及制度的执行日期等规定

制度的制定不是管理的结束，反而是另一个开始。制度不应该只是一堆纸面上的文字，它需要在企业的每一层次、每一个角落中得到应用。所以，接下来工作就是把这些制度真正变成大家的行动指南，让每一位员工都能了解、理解，并按照制度去行动。实际上，这就是一个管理过程。

这个管理过程的第一步就是制度培训，通过企业会议、培训课程或者电子邮件等多种形式，把制度的主要内容、制度的作用以及遵守制度的重要性传达给每一位员工。同时，财务部门需要与其他部门密切协作，确保各部门的员工对于与他们工作相关的制度内容有充分的理解。

接着，落实制度的执行需要细致的管理。每一个部门都需要有明确的执行人，他们不仅需要监督员工的行为，还需要定期反馈制度执行的情况。在这个过程中，高层管理者也要扮演积极的角色，关注制度执行的整体状况，时刻了解制度是否得到了有效执行，以便及时调整管理策略。

制度的执行都会遇到阻力。有时候，员工可能会因为个人的惰性、不理解或者其他原因而不愿遵守制度。对于这样的情况，企业需要有一套明确的处理机制，如对于违反制度的行为，可以设立罚款、警告甚至解雇等处罚措施，让员工知道，遵守制度不仅是一种责任，更是对企业的尊重。

制度在前，管理在后。制度的制定只是一个开始，真正的挑战在于如何通过有效的管理让制度落地生根，让它真正成为企业运营的灵魂。

财务管理也要有弹性

都说管理是一门艺术，艺术有不同的表现形式，同样的，管理活动也会因为手段的不同呈现不同的效果，而采取什么手段就体现了管理的弹性。

弹性管理，用最简单的话来说，就是在管理过程中及时应变，保持灵活性的一种方法。外部环境每时每刻都在变化，没有任何一种管理方式和计划能够完全预见到未来的所有可能。如果一家公司只是死板地按照原有的管理方式和计划执行，那么一旦环境发生变化，公司就可能会遇到困难。如果公司能够灵活应对，那么它就能在变化中找到新的机会，从而更好地发展。

例如，一家餐厅原本只做堂食服务，但突然遇到周围道路围挡施工三个月，不方便进出，堂食的客人减少了很多。如果餐厅的管理层能灵活变通，立即调整策略，推出外卖服务，那么就有可能在困难中生存下来，甚至有可能因为外卖业务的发展而获得更大的收益。

又如，你开了一家小店，发现你的店在早上客人很少，而在晚上客人很多，那你就可以考虑晚上开门时间长一些，早上开门时间短一些，这就是弹性管理。而一些软件公司采取弹性工作时间，让程序员在自己最有效率的时间工作，而不是强迫他们在固定的时间上下班，这也是一种弹性管理。

弹性管理不仅仅关注如何应对变化，甚至主动寻找变化。一家电商公司看到越来越多的人开始使用一种新出现的社交媒体软件，就应该嗅到市场机会，提前在该社交媒体上部署营销策略，这就是主动应对变化，而不是等着对手全面展开营销，才刚刚“登陆”这片领域。

说回我们的主题，财务管理需要弹性吗？当然是需要的。

在公司的财务管理中，弹性体现在预算制定、资金分配和投资决策等各个方面。具有弹性的财务管理能够帮助公司在面对经济环境变化、市场竞争等不确定因素时做出快速和有效的反应。

来看一个例子——

有一家科技公司，公司有研发部门、销售部门和市场部门。在年初，公司预算方案敲定，给每个部门分配了相应的额度，研发部门 500 万元，销售部门 300 万元，市场部门 200 万元。一切都按部就班。

然而，到了年中，研发部门的团队发现了一个全新的技术突破机会，但是需要额外 200 万元的投入，研发经理非常希望抓住这个机会，但研发部门的预算已经用完，根据预算已经没有多余的额度来配合。

与此同时，销售部门只用了 200 万元成本就完成了年度销售目标。市场部门也有类似的情况，市场活动比预期的效果好。

但因为公司严格规定，必须按照预算严格执行，不能进行部门间的预算调整，于是，这家公司很可能会错过或延迟这次机会，也无法最大限度地利用剩余的预算。

通过这个例子，我们不难发现，如果该公司允许在一定范围内调整预算，就能实现双赢。而这种一定范围内的调整，就属于弹性管理。

所以，财务管理的弹性，就是在遵守相关法律法规和准则的前提下，给予财务工作一定的自由度和操作空间，让财务人员可以根据实际情况灵活地处理各种财务问题。比如，预算的配置、资金的控制等，从而支持企业健康发展，围绕价值最大化的目标努力。

那怎么样才算让财务管理有合理弹性呢？比如，上面的例子所面临的问题，弹性财务管理应当如何运作，把下半年其他部门的预算都调整给研发部门就是弹性管理吗？

不是的，面对研发部门所提出的新技术突破机会，公司决策者最先应该做的是对这个机会进行详细评估。这 200 万元的投入将会在何时能够完成，产出将如何，预计带来的收益是多少，风险又如何。只有在全面了解了这个投资机会后，才能判断是否值得追求。

在这个基础上，公司决策者也需要对销售部门和市场部门剩下的预算额度进行评估。虽然这些部门完成了他们的年度目标，但也不是下半年就直接休息了，还是要继续开展经营，继续为公司创造价值，这些都需要成本，一股脑把所有预算调整过去是盲目的，会直接影响公司的日常运营。

弹性财务管理也需要考虑未来的因素。尽管研发部门的新技术有可能带来巨大的收益，但有收益就有风险。研发经理能保证研发一切顺利吗？没有失败的可能性吗？如果新技术的研发失败，那投入的资金就会白白浪费。

更何况 200 万元的研发投入预计能为公司带来多大的收益并不确

定，如果200万元的投入只能带来300万元的收入，那利润只有100万元，或许销售部门下半年通过努力，也能把原来的产品卖出赚来100万元，这时候盲目调整预算，对于公司来说就不“划算”了。

就算一切评估正常，这场技术突破机会公司决定了要把握，但是200万元的预算也不一定是一次性投入，可能需要几个月，甚至几年逐步投入，公司就可以结合方案需求设置资金投入计划，同时监控研发进度和市场反馈，适时调整投入的资金。

总之，预算方面的弹性管理绝不是简单地在预算之间挪动，而是在全面考虑公司整体利益、短期和长期因素、风险和收益等多个因素后，做出最有利于公司发展的决策。只有这样，才能使公司的资金“花”得更值，实现价值的最大化。

这么来看，弹性财务管理本质还是得围绕企业战略目标，如实现价值最大化，无非要管理的手段更灵活一些。其实，做到这一点也不难。我们每个人每天都在做决策，买一件衣服，是选这个颜色还是选那个颜色？吃午饭，是选米饭还是选面条？而这些决策，都是根据当前的情况，如今天的心情，或者饥饿感，来灵活做出的，为的就是让自己最舒服。弹性财务管理也是类似的理念。只不过它更专业一些，涉及的是企业的财务工作。

比如，再用费用报销这个环节来详细解释，一般的财务管理会制定一套非常严格的报销规则，每一笔费用都要有相应的发票，每一笔费用都要有详细的说明，这样的做法虽然能够保证财务的规范性，但在某种程度上也限制了企业发挥其灵活性。

应用弹性财务管理的理念，则会在制定规则时留出一定的灵活空间，比如，允许一些小额的无发票报销，或者允许在一定的范围内超额报销。当然，这种灵活性并不是无底线的，需要适度设定一些限制，比如，单笔报销的最高金额，或者每月报销的总额度等，以保证企业的财务安全。

在实际操作中，这种弹性做法能够在一定程度上提高员工的工作效率，降低管理的复杂性，这是符合企业战略目标的，能帮助企业实现价值最大化。

说到底，弹性财务管理，其关键就在于“弹性”两个字，弹性就是变通，就是能够在面对不同情况时，灵活调整并做出最佳决策的能力。不过，就像弹簧的弹性也是有限度的，超出限度就很难复原了，所以弹性财务管理就是既要弹性，又要适度，找到一个最佳的平衡点，而这个平衡点就是围绕企业战略目标确定的。从目标出发，然后一切工作的落脚点又归于企业战略目标，这就与之前财务管理为企业战略服务的理念相关联。

跳出单一部门，财务管理要有全局思维

因为“财务管理”一词中带了“财务”两个字，一些人会想当然地认为:“财务管理就是财务部门的管理。”

这种理解是片面的。虽然会计核算、资金管理、出具报表等财务部门的基础工作的确都是财务管理的内容之一，但仅将财务管理局限于此，就低估财务管理的实际影响和重要性了。

企业是一个有机体，各部分紧密相连，无论是销售、采购、研发，还是市场、人力资源，每一位员工的工作都会直接或间接地影响企业的运转，并进一步影响企业的财务状况。

就拿销售人员来说，他们通过推广产品和服务，与客户建立连接，促成交易，把产品和服务转化为实际的收入。其业绩就是销售额，每一次成功的推销，每一次精准的谈判，每一次顺利的交易，都会为企业带来实实在在的收入。不过，销售活动的开展费用也是一个重要的考量因素，影响着企业的净利润。

研发人员也是这样，他们的创新能力关系着企业的竞争力和未来的

获取利润的能力，每一个前沿的创新设计，每一项有针对性的改进措施，都可能在增加研发成本的同时，为企业打开新的盈利点，拓宽企业收入来源。

采购人员的工作与企业的采购成本紧密相连，他们从供应商那里采购必要的原材料或商品。采购人员的谈判能力和决策能力，直接决定着采购成本的多少。以最优的价格获得最适合的原材料或商品是他们的目标。这一点也会直接反映在企业的成本数据上，进而影响到企业的财务状况。

人力资源专员、市场人员、后勤专员等岗位人员的活动也都关系着企业的财务状况，即使什么工作都不做，员工存在的本身也需要企业为其负担工资、社保等成本，最终呈现在财务报表上。每一位员工就像机器的齿轮，小小的一次旋转，都会影响到整个机器的运行。

既然企业的财务状况与每一位员工息息相关，员工的每一项工作都可能影响财务报表上的数字。那么，财务管理就不可能只是财务部门自己的事情，企业也不可能脱离了其他部门来孤立地进行财务管理。所以，这是一场需要全员配合的管理活动，需要以更广阔的视角去理解和把握。这时候，负责财务管理的人员就需要跳出单一部门，建立全局思维。

这种全局性思维并不仅仅是对财务技术和工具的掌握，更多的是对企业全局运营的理解和洞察，以及整合各类资源，协调各方利益，做出符合企业长期发展的战略决策的能力。

来看一个例子——

小盛是一家制造企业的财务总监，该企业短期的战略目标是要控制成本。一般来说，制造企业的生产成本“大头”来自生产环节。于是，小盛组织财务部门和生产部门展开紧密合作，自己也穿上工作服，走进生产线，用眼睛看，用手摸，深入了解生产过程，企图找出哪些环节的成本最高，为什么会这样，是否有提高效率，降低成本的可能。

通过观察，小盛发现车间机器设备的维护费用“吃掉”了大部分的成本。现在市场上有新的机器，虽然有一定的购买成本，但更节能，维护费用更低，效率更高。

面对这种情况，小盛开始站在全局角度思考如何决策。尽管旧设备还未满折旧年限，能正常使用，但经测算购买新机器带来的收益要高于更换成本，那就没必要等折旧期满再进行置换了。不过，仅仅对成本和收益进行考量也不够全面，小盛与生产人员共同考察了市面上的两种新机器，对比哪个更符合企业的环保目标，哪个更能提升产品质量，以及其他可能的影响。之后，小盛又继续请教生产部门如果更换机器，改变生产流程，会不会影响员工的工作习惯，他们是否需要接受新的培训，并测算了相关的成本，同时考虑了可能带来的更高生产效率和产品质量。

最后，小盛向总经理提交了测算数据和改进方案，提出建议更换一批新机器，并介绍了推荐的机器型号。

从这个例子中可以看到：全局性思维要求财务管理者不仅看到眼前的数字，还要看到背后的效益，更要看到未来的可能性。这样，财务管理者才能实现真正的成本控制。在节省成本的同时，为企业创造更大的价值。

全局性思维对于财务管理者来说是一种无价的管理智慧。这种能力的培养不是一蹴而就的，需要经过长时间的积累和实践。这种思维，不仅仅是决定企业盈亏的一笔账，很多时候还是决定企业“生死”的一把钥匙。这一点是外包的财务人员和只能完成基础财务工作的人员所不具备的。

外包的财务人员或许在技术层面上能力很强，能熟练地处理财务报表，进行成本分析。但是，他们毕竟不属于企业内部工作人员，只能看到表面，接触不到核心。他们可能了解财务，却无法真正理解业务。不知道企业的文化，不了解企业的策略，不参与企业的决策，就会错过一些重要的信息，如市场的变化、竞争对手的动态，甚至是自家产品的优缺点。这就导致他们缺乏对企业全局的了解，从而限制了他们在做决策时的视野和思考深度，使他们很难从全局的视角进行有效的财务管理。

而对于只能完成基础财务工作的人员来说，他们在完成每日的账务处理，保证财务数据的准确性等方面做得很好。需要参与到更复杂的财务决策中时，如投资、融资、成本控制等，他们可能会感到力不从心。这是因为，此类决策需要的不仅仅是财务知识，更需要对财务数据背后的经济逻辑和业务背景有深入的理解，实现业财融合。一般的财务人员是做不到这一点的。建立在深厚经验和广阔视野之上的高级思维能力，这不是一朝一夕就能掌握的，门槛很高，简单的培训和学习也很难锻炼出来这样的人才。

这么来看，无论是外包的财务人员，还是只能完成基础财务工作的人员，都没办法同时拥有眼界和思维能力去总揽企业全局，做出宏观管理决策，专业的事还是要交给专业的人。这也是为什么之前说到企业在创立之初就要有意识地循序渐进，建立自己的财务部门，而不是简单地把财务工作外包出去，或是停留在最基础的财务工作上，只有拥有自己的财务团队，才能培养出具有全局性思维的财务人才，才能真正实现财务管理的价值。

当然，初创企业想要提升其财务管理能力，短时间内又没办法培养起专业人才，可以通过招聘或者猎头公司寻找已经具备全局性思维和财务管理经验的专业人才。这可能会涉及较高的人力成本，但从长远来看，这可能是一项非常划算的投资。

如果预算不足，寻求外部的专业咨询也是一个不错的选择。有很多财务咨询公司能提供一站式的财务解决方案，包括但不限于制定财务政策、优化财务流程、提供财务分析等。这种方式既能使企业获得专业的财务管理服务，又能让企业的财务人员有机会从中学习，不断提升自身的财务管理能力。

与此同时，创业者也不能放弃对企业财务人才的培养，财务人员要真正从单一的财务工作中跳出来，建立全局性思维，就必须深入参与到企业的运营和决策中，理解和感知企业的各种挑战和机遇，这需要企业创造出一个包容、开放的氛围，鼓励财务人员积极与其他部门沟通交流，共享信息，共同解决问题。这样的培养过程可能需要时间，但将极大地提升企业的内生动力，让员工与企业共同成长。创业者必须深谙这一点，将人才培养作为企业发展的一项重要战略，全力投入，长远考虑。

第三章　财务管理的目标，是用有限的资源创造更多的价值

创业的时候，钱总是显得不够用。手头就这点资源，怎么让它变现？怎么让每一分钱都花得值，花得妙？赚了钱怎么让钱生钱？又或者说，没钱的时候上哪儿找钱？一直借钱经营行不行？

这些困扰着一大批创业者的关于钱的问题，在这一章，或许都能找到答案。比如，在这个网络时代，资源变现这种营销话题都不开流量转化。想让钱花得值，就需要理财规划，想让钱生钱，还得懂投资。没钱了要融资，一直借钱经营，就会提高杠杆率，用不好，全盘皆输。总之，这些关于钱的财务管理活动，都是围绕“用有限的资源，创造更多的价值”这一财务目标展开的。想一探究竟，就得先学会管钱。

流量就是利润

创业总会听到一个词——流量，这个词不是最近两年才开始流行的，其一直反复出现，被反复强调。

“流量”一词之前会用在交通和物理学上的，描述一段时间里，经过某个地点或者某个区域的物体的数量。比如，公路的流量就是说一小时内，有多少车经过这条路。

互联网时代，当我们再提起“流量”，意思就变了，其包含的范围更广了。在网络上，流量指的是网站或者手机客户端用户的浏览量，不管是随便逛逛还是下单消费，都算流量。无论卖什么，都需要吸引人们的注意，让人们了解产品，产生购买的欲望，才能成交。所以，流量代表了一家店有多火，有多受欢迎。

创业者必须明白：流量就是利润。

为什么这么说呢？因为流量不断，机会就不断。流量越多说明有越多的消费群体知道并对产品感兴趣，这些都是赚钱的机会。如果能有效地转化流量，就能引导潜在客户消费，从中获得收入。这也就是说，只要将这些潜在的消费者转化为实际的消费者，就能获得收入，当收入大于成本时，就会产生利润，这实际上是一个流量转化的过程，如图 3–1 所示。

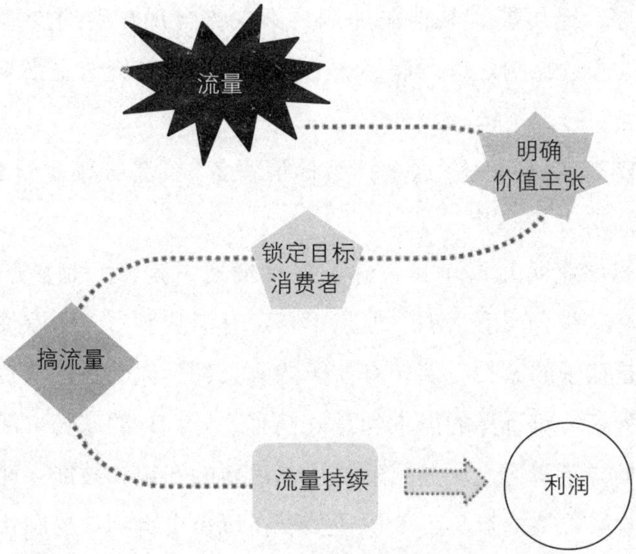

图 3–1　流量转化的过程

实现流量转化的第一步就是明确价值主张。这是什么意思呢？就是先思考：卖点是什么？产品或服务能给消费者带来什么样的价值？消费者为什么选择你，而不是别人？

要回答这些问题，就要对自己的产品或服务有深入的了解，知道产品的功能是什么，优点是什么，独特之处在哪里，以及它是怎么满足消费者需求的。只有深入理解了这些，才能明确自己的价值主张。

不过，价值主张必须和消费者需求挂钩，知道他们的“痛点”在哪里，了解他们的消费行为模式，然后准确地找到价值主张与消费者需求的交汇点，从而有效地将产品优势传达给消费者，触动他们的购买欲望。

听起来可能很抽象，举个例子来说，假如你创业经营健康零食。你的产品卖点是不添加任何化学成分，全部采用天然食材，非油炸，保证每一口都是纯净的好味道。这是你的产品优势，也可以成为你的价值主张。然后你开始研究目标消费者。他们有一个共性，就是喜欢吃零食，且关心健康问题，他们的“痛点”是零食虽然美味，但可能经过油炸、腌制等工序，还可能有其他添加剂，不太符合现在少油少盐的健康追求。你的健康食品刚好可以满足这个需求，这就是价值主张与目标消费者的“痛点”挂上了钩。

这里要重点说明一下这个“目标消费者”，精准锁定目标消费者，你的生意就成功了一半。

假如你创业卖儿童玩具，你的目标消费者是谁？是孩子吗？不是的，他们对这些东西感兴趣，但是不一定有消费能力，所以你的目标消费者应该是孩子的家长。那所有孩子的家长都是你的目标消费者吗？也不是，因为家长对玩具的需求和喜好也有差异。有的家长可能更偏向于教育性玩具，希望通过玩具帮助孩子学习新的知识和技能；而有的家长可能更喜欢娱乐性的玩具，希望让孩子在玩乐中得到放松和快乐；还有的家长可能注重玩具的安全性和耐用性。

这时候你就需要进一步定位你的目标消费者，也就是说你需要了解自己的产品与哪一类消费群体的需求更吻合，才能把自己的价值主张和目标消费者需求联系起来。假如你的店铺专注于出售安全无毒、能够帮助孩子提升认知和动手能力的教育玩具，那么，你的目标消费者就是那些重视孩子早期教育，乐于投资教育性玩具的家长。他们更可能对你的产品感兴趣，从而产生购买行为。

目标消费者找不对，就可能影响流量的“价值”。这就是为什么有的创业者即使吸引了很多流量，浏览量很高，但成交量很低，也挣不到钱。其实都是“目标消费者”定位的问题。也就是说，你吸引来的流量不是你想要的流量。有的人想买但没能力消费，有的人有能力消费但又觉得你的东西不够好，这样就根本谈不上流量转化了，因为你的价值主张根本没有匹配上他们的需求。

所以说，不论你卖什么，只有你能提供给目标消费者想要且要得起的东西，他们才可能成为你的潜在客户。有了这样的精准流量，就算是在小众市场，也能获得你想要的利润。具体怎么转化呢？下一步就是搞到更多的流量。

“流量为王”的时代就是要先搞流量，再说利润。你要做的是通过营销手段把这个价值主张告诉更多的人，这是流量转化为利润的关键一步。

要说怎么搞流量，你首先得明白，流量是人，是用户。想要有流量，就得抓住消费者的眼球，让更多的人关注你的产品。消费者每天都被各种信息包围，怎么在这么多信息中脱颖而出，让人注意到自己的产品，就是你的营销任务。

这个任务需要结合目标消费群体的消费习惯来开展，这是流量管理的重要内容。比如，如果你的产品适合年轻人，可能要多用社交媒体推广，当下最火的几个 APP 都可以尝试。

在这个数字化的时代，互联网无疑是最大的人群集散地。各类社交媒体和各种短视频平台，甚至是新兴的直播平台，都聚集了大量的用户。如果你能把握住这些平台上的用户心理，找准他们的需求和“痛点”，就能抓住这部分流量。

举个例子，假如你创业开了一家小吃店，想要获得更多流量，就可以先在短视频平台上分享特色菜品制作过程。视频要拍得生动有趣，配上令人愉悦的音乐和创意的剪辑，来吸引人们点击和分享。最好让他们关注你的短视频账号，利用平台流量和个性化服务向他们不断推送其可能感兴趣的商品，引导他们购买。当然，不要忘了在每一个视频的结尾加上店铺的地点和营业时间，让人们知道怎么找到你，这就是初步流量。

另外，直播平台也是吸引流量的好地方。你可以定期进行直播，比如，直播厨师烹饪的全过程，让人们能够看到食物是怎么一步步变成美味的，这样不仅可以增加用户的信任感，还能激发他们的食欲。

单有网络推广也不够，线上和线下需要齐头并进，你可以在店铺门口挂上醒目的广告牌，定期举行一些活动，如烹饪比赛、美食品鉴会，或者推出会员制度，提供专属优惠，这些都能吸引人们到来。

在各方流量的吸引下可能会有一波儿初次到店消费的顾客，你可以用提供优惠的方式让他们添加微信、注册会员，如“买二送一”“满减优惠”“首购打折”等，后续利用微信的朋友圈功能，定期发布店铺的最新动态，如新出的菜品、举行的活动、优惠的信息等。刺激顾客再次来店消费，使他们成为稳定流量。

不要以为有了消费就结束了，无论营销活动多么吸引人，如果产品质量不过关，消费者也不会再次购买。具体的流量管理手段还要看你的商品是什么，有些商品就适合做一锤子买卖，那就要重点关注一次性成交流量，而如果你需要的是长久的流量，就得做好客户服务。满意的体验会让消费者记住你，其还可能会向家人、朋友推荐你的产品，从而为你带来更多的流量。

你的终极目标是让消费者习惯你。流量的持续，需要消费者的持续关注和消费。你需要通过持续提供高质量的产品和服务，让消费者对你产生信任，成为你的忠实粉丝。当流量源源不断地来，你的利润也就水到渠成了。

其实整个过程很好理解，有了流量一切都顺理成章，跟普通的营销过程相似。不论怎么转化，一切的营销活动都是奔着挣钱去，哪一个步骤都要想到这么做能不能获得利润。当然，这个利润不一定是当下就能看到的钱，短视的行为不可取，要关注未来长久的利润，这也正是企业追求的价值。

跑业务需要了解的财务知识

“业财融合”一直是财务管理的热点话题，从表面意思看起来这四个字很好理解，就是业务和财务的融合。更深层次的内涵是，要将业务和财务工作打通，用财务数据分析和判断业务成效，指导业务工作，更进一步来说，财务的结果甚至可以决定业务未来怎么开展。

不过这个概念仅仅在财务领域提的比较多，督促财务人员提升自我，主动去了解业务，知道公司都做些什么业务，搞清楚公司靠什么营利，具体是怎么运营的。然后提供针对性的财务支持，帮公司把业务做得更好。

但你再看回这个概念，既然是融合，就是一个双向的动作，只有财务了解业务还不够，反过来，业务也应该了解财务。公司的业务员，甚至很多跑业务出身的创业者也是一样，应该知道公司财务制度规定了什么，财务工作的逻辑与流程是怎样的，为什么是这样的，不这样做会承担什么样的风险，等等。

只有这样，业务人员才能认同财务的工作方式，更好地配合财务工作，减少可能的摩擦，为实现真正的业财融合奠定基础。要不然很可能产生不必要的矛盾。

来看看这个例子——

公司有一位客户要来考察，但是老板有更重要的事情要出差，出发前口头叮嘱某业务员要热情迎接，做好招待，谈好合作。

第二天，客户即将到来，该业务员到财务部预支费用，说要请一个大客户吃饭。但是公司的财务制度规定是，招待费必须经过 OA 流程审批，得到老板同意，出纳见流程归档才能支出款项。业务员联系了老板没联系上，出具不了老板同意的证据，出纳事先也没得到老板的任何指示，所以告知业务员这钱没法领。

于是，业务员很生气，觉得自己是为了公司考虑，辛辛苦苦谈合作，为公司挣钱，而出纳不懂得变通，就是在添麻烦，故意卡着不给钱。出纳也对业务员的态度很恼火，对方手续不全，自己贸然付款，万一这钱被滥用，自己就得承担责任。双方不欢而散。

从这个例子可以看出：业务如果不了解财务工作的流程，就很容易“碰壁”。双方闹得不愉快的话，两个部门的关系也会很紧张，更别提相互支持工作了。

毕竟钱是公司的生命线，任何财务人员都不可能轻率付款。如果了解财务流程，业务员就应该在接到老板指示的当天，跟老板通过聊天字面确认老板同意预支招待费，并发起 OA 流程。这样，就算老板没能及时审批流程，只要拿得出老板同意的证据，在事情确实重要的情况下，出纳也能有依据地进行“变通”，不等流程归档就提前给钱。

如果业务人员对财务知识一窍不通，那他们做决策时就完全暴露在财务风险之下，如开票不合规，合同款项支付账期给公司资金带来很大资金压力，等等。所有的麻烦和压力都会落在财务身上，如果财务也没办法“拯救”这些风险，处理不当“翻了车”，承担结果的就是公司，是老板和股东。

所以，创业者要早早地意识到业务了解财务的重要性，通过财务培训等方式让业务人员快速掌握基础的财务知识，让他们能够在处理业务的时候，把财务风险考虑在内，避免把包袱甩给财务。这个步骤不是多此一举，真的能让公司避开许多坑，让财务和业务更好地配合。

具体的培训内容包括但不限于以下几个方面。

理解财务工作性质的不同

跑业务的业务员或老板，脑子里天天想的可能都是怎么把产品卖出去，怎么把业绩做上去，怎么能抢到更多的市场份额。但提起财务的各种规定、手续，可能会心想：这简直就是在“拖后腿”。如果业务人员抱着这种态度来与财务部门接触，可就是给自己找麻烦了。

业务人员得理解一件事情，财务部门和业务部门在处理事务的时候，看问题的角度和要求是不一样的。说白了，业务人员就想“钱进得快，出得快”，而财务部门则是要“多收，慎付”。这两个要求看上去像是矛盾的，其实都是为了公司好。

从工作性质角度来看，业务人员主打一个“快”字，“快”是为了能抓住市场机遇，拉到更多的客户，提升销售业绩，所以业务人员都希望能简化流程，提升效率，款项和订单能快点搞定，这样创业绩的速度也能“起飞”。

而财务部门呢，他们的工作性质决定了他们就是要严谨，要规规矩矩，不能出错。他们得对每笔交易负责任，是为了避免因为疏忽大意或者违规操作，让公司陷入法律纠纷或者经济损失。

所以，业务人员必须了解，并且遵守公司的财务制度。得明白每一笔进出款都得有规范的签字，报销单书写得规规矩矩，数字和文字得清晰明了。还得明白财务部门在处理事务的时候，看问题的角度和要求与业务人员是不一样的，但是大家都是为了公司的发展。只有互相理解、互相尊重，公司的生意才能做得更好。

开票要合规

对于业务人员来说，开票是一件经常会遇到的事情，不要小看这张票，里面的说法还是很多的。

业务员跑业务产生了费用，如出差住酒店的住宿费，想要回来报销，就得开票，开票就得知道自己公司是小规模纳税人还是一般纳税人，如果是小规模纳税人就得开普票，如果是一般纳税人就可以开专票，因为一般纳税人可以抵扣酒店住宿费的进项税额。不过业务招待费的进项税额是不能抵扣的，所以如果发生了业务招待费，直接开普票就可以了。反正不同的费用开什么票，业务员都得心中有数。

不光这些，如果开的是普通发票，业务员就只需要提供给对方自己公司的纳税人的名称和识别号；如果开的是专用发票，那就需要提供所有的信息，包括纳税人的名称、纳税人识别号、联系地址和电话、开户银行和账号等。

业务员拿到发票还需要提前确认消费的金额和票面金额是否一致，是否包含了应该开出的税额。还要核对开票的基本信息是不是正确，有一点误差都可能在出差回来后影响报销，这可不是针对个人的设限行为，而是不合规的发票在税务检查的时候就会有风险。

当业务员谈成交易，需要找财务开票也是一样，要和客户确认清楚款项有没有到位，是不是转到了公司指定的对公账户。提前告知财务要开具增值税普通发票还是增值税专用发票，如果你的公司能开专票的话才能答应客户开具专票，公司若是小规模纳税人想开专票都开不了。

反正开票这事儿，可大可小。业务人员得对每一个环节都了解清楚，这样才能保证公司的合规性。

掌握报销流程和标准

有了发票，来说报销。财务报销都是按规定办事，要走什么流程，提供什么票据，能报多少金额，都会写入制度。所以业务人员一定要提前熟知公司的财务制度，知道什么票据可以报销，什么票据不能报销，报销的标准是什么，需要哪些人签字，等等，并把票据收好，回来提交给财务。否则，缺了哪一步都很难报销。

比如，你可能会经常出差，那你就需要知道关于出差的报销规定。什么样的交通方式可以报销，什么样的交通方式不能报销。假设公司规定普通业务员只能坐高铁二等座，超出二等座的金额就不能报销。当然，遇到没票事情又紧急也可以跟老板申请买一等座，老板同意，流程通过，再找财务报销。

再说说住宿和餐费，出差住酒店是常事，你需要知道在出差期间，在不同的城市，住宿的费用标准是多少。住的条件太差，你难受，睡不好，工作起来没精神。住的地方太豪华，超出标准乱花钱也报销不了。还有餐费，谈业务经常会和客户吃饭。这个费用也是可以报销的，但是也有一定的标准，你不能太奢侈，比如说，带客户去吃鲍鱼、鱼翅之类的，这些一般都是不能报销的。

除了这些，你还需要了解补贴的相关规定。比如，你在出差的时候，公司会给你提供什么样的补贴，这些补贴的金额是多少。你还需要知道，在拜访客户的时候，可以送什么样的礼品，这些礼品的价值是多少。

以上都是业务人员应该提前掌握的财务内容，所以在花钱的时候，一定要考虑清楚，这笔钱能不能报销，报销的标准是多少。不要因为自己没有搞清楚，到头来既浪费公司资源，又使自己吃亏。

注意合同内容

一些业务员可能觉得签个合同、收个款就大功告成了。实则不然，合同不只是一纸文书，其直接关系着公司的资金流动。合同上的付款方式、付款时间、定金、尾款、违约金等内容，每个字眼都跟“钱”有关。一旦签好，就是明确的法律责任。所以，要特别留心合同中的每一个字眼。

这里列出一些常见的要特别注意的合同内容，如表 3-1 所示。

表 3-1　需要注意的部分合同内容

内容	说明
账期	账期就是客户付款的期限。长账期对客户有利，可以多点时间筹款，但对公司来说，资金周转压力就大了，运营成本也会提高。反之，短账期对公司有利，钱早点回来，资金压力就小，但客户可能就觉得时间太紧，影响客户关系。所以，这得根据实际情况，找到双方都能接受的账期，既保住客户，又不影响公司运营
付款方式	这是很多业务员容易忽视的一点。业务员可能觉得只要收到款就行，其实不然。银行转账是最直接的，一般无风险。若是银行汇票，就需要注意看看出票人是谁，是一般企业，还是银行。一般企业出的汇票，就要看这家企业的信誉如何，要不然到期不能兑现，就是白忙活一场。银行出的汇票，风险就小多了。若是贴现，也就是拿汇票去银行兑现，虽然可以提前拿到钱，但银行会收取一定费用，这部分费用也要计入交易成本
定金	定金是公司预先收取的一笔担保款项，如果客户反悔不买了，那这笔钱就是公司的，可以作为损失补偿。如果公司自己违约，那就得退还给客户
订金	订金，一般是客户付给公司的预付款，如果合同履行完毕，就作为货款的一部分，如果合同没有履行，那就要看合同约定怎么处理的
尾款	尾款是公司发货或服务提供完毕，客户验收满意后，客户应该支付的款项。一般来说，尾款的支付时间和金额，都会在合同中明确约定，不能含糊其词

看懂销售财务数据

业财融合一个重要的层次就是通过财务数据结果指导业务决策，那业务部门的管理人员就必须学会看财务数据。

这里列举了一些常见的与业务相关的财务数据指标，如表 3–2 所示。

表 3–2　常见的与业务相关的财务数据指标

指标	说明
毛利率	毛利率是销售额减去销售成本，除以销售额，再乘以 100%。这一指标显示，每一笔销售额中，有多少是纯利润，产品是赚钱的还是赔钱的。如果毛利率低，那可能意味着成本太高，或者价格设定得太低。那就需要想办法降低成本或者提高价格
资金周转率	这个指标衡量的是资产管理效率。高的资金周转率意味着在用较少的资金创造更多的收入，也就是说，资金运用得很高效。如果资金周转率低，说明资金占用过多，就需要调整经营策略，如缩小库存，加快收款速度，或者减少不必要的支出
应收账款周转率	这个指标代表需要多长时间才能收回销售款项。如果应收账款周转率高，那说明账款回收速度快，资金周转能力强。反之，如果应收账款周转率低，那就意味着公司应收账款资金过多，这会影响资金流动性，甚至影响公司的经营活动
存货周转率	存货周转率反映了公司购买、生产和销售的效率。存货周转率高，说明库存管理得好，存货量合适。存货周转率低，可能意味资金被库存占用得多，会增加压货和贬值的风险，也影响公司的现金流

初创企业找谁融资

古话说：“兵马未动，粮草先行。”对企业来说，钱就是粮草。创业第一步，先把钱凑够，没有启动资金，创业就是一句空话。

当然，如果你自己有积蓄那最好了，事情很简单，你可以全权决定创业事宜。但是，自己的资金用起来也要有计划和预算。不要因为是自己的钱就大手大脚地花。创业初期可能会有很多预料不到的花销，如果没有妥善管理，很可能面临资金短缺，“创业未半”钱就没了。

要是你问：“我没钱还能创业吗？”

这还真能！自己没钱，你可以从别人那儿筹钱，于是就谈到“融资”这个话题了。融资很好理解，就是别人给你钱，可能是借给你，也可能是投给你，还可能是提前预支给你。这是怎么回事呢，如图 3–2 所示。

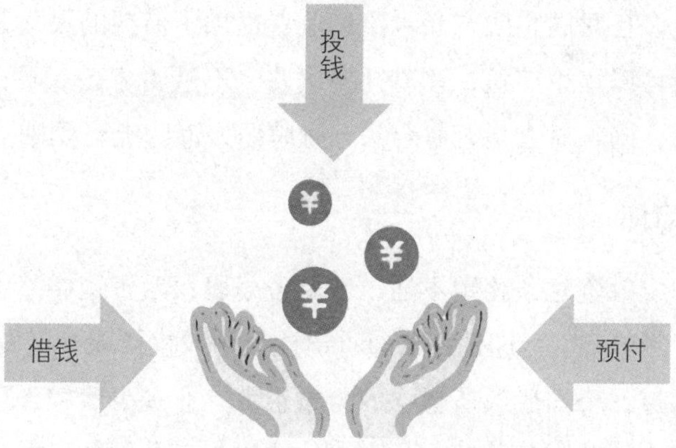

图 3–2　初创企业的常见融资道路

借给你

借给你就是债权融资，你找家人借、朋友借、同事借，或者找银行这些金融机构借，都属于这条路。

债权融资的优点是，你创业的公司还是你的，你是大老板，不用跟别人分股权。就如同你借了朋友的钱买房，房子还是你的，朋友不能说这房子他也有份儿。所以，如果你后面生意做大了，赚了钱分股利也都是你的，不用给别人分。

但这种方式也有缺点，最主要的就是债务压力。你借的钱，总得还吧？而且借钱肯定要给利息的，就算家人、朋友不跟你算利息，银行也是要利息的。如果你的生意不好，连利息都赚不出来，那可就麻烦了。你要是还不起债，或者要赖不还，可能被告上法庭，甚至面临公司破产，就像一个人贷款买房还不上月供，最后房子都被拍卖了。

当然，你也不能光考虑这些，家人、朋友能出借的资金是有限的，而想要从银行等金融机构借款，你得出具相应的抵押物，或者有人给你担保。如果什么都没有，只有一句“我要创业”的口号，银行不会轻易把钱借给你的。

现在很多互联网金融产品也给创业者提供了借钱的渠道，有相关需求的创业者可以集思广益，多看几条出路。不过要擦亮双眼，注意看好对方的资质，确定对方是否有合法金融牌照，谨防上当受骗。

投给你

如果债权融资这条路走不通，就要考虑股权融资这条路了，也就是上面说的“投给你”。这是一条通过出让公司股权换取一定资金的路。

你要知道，公司股权所包含的力量很大，有多少股权，就代表拥有公司多少财产。股东都算公司的老板，可以参与公司的经营，股权的数量也代表了股东在公司的决策中拥有的话语权。比如说，如果你有 50%以上的股权，那你就有权决定公司的发展方向和做出重大决策。

而且，股权还与分股利挂钩。公司如果有利润，分的时候就会按照股权的比例分给股东。有多少股权，分到多少利润。当然，是否分、分多少，还要看公司的财务状况和发展计划。至于股权所包含的其他权利，如知情权、选举权、投票权等，也都有各种用途。

所以，你用你的股权去换别人的投资，创业公司的一部分就属于投资人了。

不过你也没必要过分纠结股权的事，如果公司没资金无法发展，就算你自己一人独占 100% 的股权又有什么用呢，0 乘以 100 还是 0。倒不如手握 51% 的股权，把剩余的股权用来引进资金推动公司发展，最后公司发展壮大，你的收益也就更大。

比如，把创业公司看成一个小蛋糕，你自己可以独吞一个小蛋糕，也可以选择分一小半给别人，让别人帮你把蛋糕做得更大，这样即使只分到其中的一半多点，也能比原来的小蛋糕大。出让一部分股权，反而得到更大的利益。这就是用有限的资源创造更大的价值。

如果把目光放得更远些，很多投资人带来的可不只是资金，还可能有他们的资源、经验和网络。因为他们也想把公司做大，分得更多的收益。所以，他们也许能帮你打开一扇扇门，如找到更好的供应商，找到更有价值的合作伙伴，甚至帮你打开新的市场。他们的经验也能帮你避开一些坑，让你少走点弯路。这种资源和经验的价值，是无法用钱来衡量的。

在创业初期，种子轮是第一轮融资，你的创业可能只有一个点子，或者初步的产品原型，能融到的钱也不多。这个阶段的投资人，最可能是你的亲朋好友。是的，亲朋好友也不一定只能借钱，如果他们看好你的创业方案，投钱也是一种选择，这样筹到的钱就不用还了。如果你想获得的是专业投资人的投资，那就得好好准备自己的创业想法，用你的思维、热情和专业能力去打动对方。

天使轮融资适合有一定发展的初创公司，这时候你可能已经有了初步的产品和运营框架，还组织起来一支队伍，但是还没有被市场检验过经营的产品或服务到底行不行。这个阶段的天使投资人更看重的可能是你的团队、你的商业模式，或者你的市场前景。不过，此时你的初创公司可能还没有什么收入，也没什么资产，投资人不可能给你投入太多的资金。有些天使投资人更愿意用分期付款的方式来投资。比如，先给你一部分资金，等你的产品有所进展，再给你剩下的资金。

听起来似乎很不错，但这样的投资人哪里找呢？这个问题大概可以说是创业者最头疼的了。不过，好在有一些途径可以让你走得比较顺。

比如，创业孵化器。你可以将它理解成一个集结了创业者和投资人的场所，也是一个培养创业者技能的“训练营”。这类地方提供的服务很多，能帮你筛选投资人，梳理融资流程，提供财务咨询，等等。就像一个创业大学，你在这里不光能学习到融资的知识，还可能碰到你的“有缘人”——天使投资人，有些孵化器也会对创业者进行投资。

现在是互联网时代了，各类网络平台也十分发达，你可以直接在社交媒体发布你的项目信息，或者关注一些投资机构的账号，甚至加入那些创业者和投资人的社交圈子，和他们直接交流、互动。你可以了解他们在关注哪些项目，喜欢投资哪些领域，然后找准时机，把你的想法展示出来。

当然，也有更传统的方式，如找线下投资机构。天使投资人、风险投资人这些都是很好的选择，他们的办公室，就是你找投资的地方。面对面的交流能让投资人更直观地了解你和你的项目，也能让你更好地了解投资人的需求。

初创公司的股权融资，其实就是一种自我推销。你要学会把自己，把你的项目，把你的团队，把你的产品，推销出去。

如果你觉得自己对这些东西一窍不通，也没什么谈判沟通的能力，如技术起家的一些创业者更擅长开发产品，不了解融资的门道，这要怎么办呢？融资中介看过来。

不同的创业项目，需要的资金有所不同，不同的投资人也对不同的创业项目感兴趣。而创业者自己去找资金，不仅需要花费大量的时间和精力，还很容易分不清真假投资人，甚至上当受骗，这些都是非常消耗人的事情。

融资中介就是专门帮助公司融资的，他们有专业的团队、丰富的经验，知道怎样找到真正的投资人或资金方，让你的时间和精力都放在你最擅长的领域上。

提前预支给你

说完债权融资和股权融资，别忘了，还有一条筹钱的路，是别人把钱提前预支给你。这是什么意思呢？

就是预购，你提出一个产品创意，客户提前把资金支付给你，你什么时候研发成功做出来，就给客户发货。是不是发现，这不就是众筹模式之一吗？

众筹是现在比较火热的互联网金融模式的一种，就是大家把零散的资金聚集起来，共同支持一个想法或者项目。如果你有个好的点子，如一款创新的产品或服务，就可以发布在众筹平台上，让公众提前预购你的产品或服务，这就相当于大家把资金提前预支给你。你可以用这些资金来进行研发，完成产品或服务，然后按照约定发货给支持你的人。

在这种模式下，你不光资金问题解决了，还能验证一下自己的创业想法有没有市场，预购的人多，就说明市场前景不错；预购的人少，那你可能需要重新考虑创业方案了。

你的众筹活动要想成功，还需要在许多细节上努力。你得先明确自己的产品或服务是什么，谁会对它感兴趣。明确目标客户群体才好确定针对性的众筹策略。而且东西定价要合理，既不能定价过高让人望而却步，也不能定价过低，让你的预算无法收支平衡。你要想好自己筹多少钱，如果规定时间内达不到金额，众筹可能会失败，钱返还给投资者。

众筹也并非没有风险。如果你无法按照承诺提供产品或服务，可能会面临法律问题。所以，在开始众筹前，你要清楚自己能否完成承诺，做好全面的计划和准备。

当然，融资道路不止前面列出的这些，各地政府也有很多创业补助，还有招商路演、项目融资等各种融资方式。每种融资都没有绝对的好与坏，关键在于找到最符合自己公司需求和现状的融资方式。比如，创业需要 50 万元，你就差 5 万元，完全没必要选复杂的融资方式，直接借款就行了，毕竟融资也是需要成本的。各种方案的成本都算算，找个最划算的，才符合财务思路。

企业融资陷阱盘点，注意绕道

想从别人那里得到钱，不是那么容易的。不光投资容易遇到骗子，就算是融资的企业也会遇“坑”无数。不是有人来投资就一定是好事，如果不提前绕开这些陷阱，那创业之路就不只是“心累”。所以，一定要时刻警惕，步步警醒。

我们一起来盘点一下那些常见的融资陷阱，初创企业注意绕道而行。

第一大坑：拿不到钱倒找钱

这一类坑专门瞄准创业小白，他们融资心切，经验空空，就像刚毕业进公司工作的大学生，干了一个月，工资没开，反倒要给公司上交“保证金”“工装费”“体检费”等五花八门的费用，典型的拿不到钱倒找钱。这类陷阱直接可以定性为融资骗局了，明摆着坑人的。

看看你有没听过类似的话——

“你的商业计划书我认真看过了，很精彩，不过是这样的，这个计划书的格式不太符合我们公司的要求。这样吧，我这里有个商业计划书模板，是花费大量时间和经验总结出来的，融到钱的成功率很高的，你可以买来参考。这个模板需要一定费用，都是小钱，毕竟价值就在这里嘛，你看……”

“哎呀，我们特别看好你的创业项目，真的。不过你知道的，投资要谨慎，我们得派个专业团队去现场深入考察一下。也就是走个流程的事，都是公司规定，没办法。走这一趟考察也是要花钱的，所以你得先支付一笔项目考察费。放心，等我们投资了，几百万都有了，这点小钱你还在乎啥？”

“项目评估是我们投资的一个必要流程，你去找个权威机构做一下项目评估，评估过了我们才能确保资金的安全。不过不是什么评估机构的报告我们都认可的，你可以去这家评估机构，够资格，很有实力，我们公司更相信这家机构的报告。评估费用你得自己掏。”

“投资涉及很多法律问题，我们得找一家律师事务所对你的公司进行审查。律师费你先支付，这样后期合作的时候能够避免很多法律风险，对你也有好处。”

“我们已经看好你的项目了，决定投资。但是投资这事儿风险很大的，我们把那么多钱投给你心里也没底，得有个保障才行。你得先付一笔融资保证金吧，这样我们投资也放心。这不是为了占你便宜，这都是市场的常规操作。”

以上就是那些骗子常常使用的话术，他们往往先给你“画饼”，说是看好你的项目，打算给你投很多钱，在你以为事情能成的时候，他们再抛出一些看似合情合理的理由，让你交钱，实则在背后谋求自己的利益。最常见的就是设立考察费、评估费、律师费、保证金等各种名目向你要钱，也有的会让你支付各种高消费场所的招待费用。你交一次钱，后面还有其他费用，到最后他们再找各种理由淘汰掉你的项目。

在这种情况下，你最好要小心了，有的创业者不懂行情，一听对方说这都是常规操作，误以为就应该是这样的，为了能拿到大额的投资，就先听从对方的安排了。其实，真正的投资人通常不会收这些乱七八糟的费用，更不会在什么合作都没谈好的时候就先让你付钱。千万不要上当。

第二大坑：缓兵之计来压价

投资不是慈善，投资人都想用更低的成本获得更高的收益。所以，他们会用各种谈判技巧来压价，这都是很正常的，就跟我们买菜会讲价一样。正常谈判，双方平等交流都是可以接受的，但有一种情况对创业者很不利，是需要特别注意的一个“坑”，就是非正常手段的压价行为。如果不小心陷进去，就会失去选择权，只能接受恶意压价，低价出让股权，这就是“缓兵之计”。

缓兵之计手段不一，有的是用提供数据、延长考察期，使你错过与其他投资者沟通的机会等手段来拖延，让你长时间拿不到融资，不得不选择接受对方的价格。用这种手段并不能保证百分之百成功，时间长了创业者也能看出点苗头。

另外一种手段堪称“温水煮青蛙”，让你不知不觉就会“入坑”。这里详细说说这种手段是怎么回事。

这类投资人也明白，如果在一开始就抛出很低的投资额要求占你更多的股权，那你肯定不愿意，谈判就会直接崩掉。这时候采用缓兵之计，施计的是投资方，中计的可就是你了。

具体的操作一般是这样的，投资人会表现出对你项目很感兴趣，但也直言担心风险。他们可能会给你设定一些“考验”。比如，他们会说：“我们很看好你的项目，但是投资这件事情毕竟需要谨慎，我们需要你在一定时间内做到一定的业绩，证明你公司的市场前景，然后才能进一步考虑投资。”

听起来，这个请求似乎十分合理，毕竟任何投资都是需要承担一定风险的，谁都不想把钱投到一个不能带来回报的项目上。而且对方甚至可能与你签订投资协议，约定你做到多少业绩就给你投多少钱。

于是你开始把所有的精力都投入创业中，组建队伍、租赁场地、研发产品、开拓市场，想要尽快做出点成绩，赢得投资。你的“摊子”越铺越大，投入越来越多，此时，你已经一步步陷入投资人设下的陷阱中。

当你把自己手头的创业资金花得差不多了，甚至已经达到了对方要求的业绩，以为自己胜券在握去找投资人的时候，投资人可能就会变卦了。他们会找出各种理由，如市场环境变化，公司资金投了其他的项目，等等，让你产生焦虑和急切的心态。因为此时你的房租、人工、研发成本已经达到上限，公司走到这一步，没有新的资金进来，马上就会垮了。

他们也知道你已经把所有的资源都投入这个项目中，短时间内也很难再找到其他的投资人。毕竟与新的投资人谈合作、做项目考察都需要时间，公司的成本还在一天天增加，根本等不及。

这时候，投资人可能话锋一转，说是投还是可以投的，但要估值再降一些，或者努力凑凑钱，还是投资那么多，但是要求得到更多的股权。这时候你已经没有退路了，也没有其他选择了，只能答应对方的条件。于是，你被迫跳进这个陷阱，股权被“贱卖”。

第三大坑：合同细节有“小坑”

投资人的钱不是那么好拿的，你也知道，他们投资一定会采取很多自我保护的手段，所以，即使你们在投资谈判桌上约定了投资金额和股权比例，但当真正坐下来签署投资合同的时候，你会发现合同中充满了各种让你头疼的细节，很多条款都是为了保护投资方的各种权利。

比如，清算优先权。顾名思义，就是在公司清算时，持有该权利的投资人拥有优先获取回款的权利。我们都知道，投资就像赌博一样，有赚也有亏。当公司经营不善，面临破产或者清算的时候，投资人自然希望能够优先拿回自己的投资本金，这就是清算优先权。如果投资协议约定了对方有清算优先权，公司破产，还完债务剩余资产不多，你只能先给对方。

不过，这类条款本身就是投资人保护自身权益的一种方式，很多时候，你不签就拿不到融资。在这种情况下，你要在接受投资前，对每一个条款有清晰的了解，知道它们可能带来的风险，才能做到有备无患。

再来说说对赌条款，就是投资人和创业者“赌”公司的业绩，如果赢了，创业者就可以保住自己的股权，如果输了，就要接受股权被稀释的惩罚。从优点讲，这条款有其合理之处，能激励创业者更加努力地工作，如果公司的业绩达到了预定的目标，有相关约定的话，创业者甚至可以赢得更多的股权。但反过来，创业哪有一帆风顺的，稍有差池，达不到约定的业绩目标，创业者的股权就可能被投资人稀释。创业者可能失去控制权、经营权，最惨的还可能直接被踢出公司。

对赌条款看起来就像一道“军令状”，也不是不能签，但签之前创业者一定要注意其中的“合理”性，看看设定的目标是不是完全无法达到。过高的业绩目标完全就是坑人的，创业者也要注意做到了的收益和做不到的代价是不是合理，如果做到了收益不高，做不到却要付出很大代价，显然也不合理。

除此之外，还有很多细节都可能遍布小坑，创业者最好找个专业的律师把把关，别在合同上“跌跟头”。

第四大坑：多轮融资稀释股权

多轮融资虽然能给你带来更多的资金，但是也可能让你慢慢失去对公司的掌控权。

举个例子——

假如你是公司的创始人，持有公司 100% 的股权。当第一轮融资过后，引入一位投资人，换取了公司 25% 的股权。你还持有公司 75% 的股权。公司逐渐发展壮大，价值也更高了，后来发展需要资金，你又引入了第二轮融资，对方投入了一笔更大的资金，又换取了公司 30% 的股权。这时候，你的股权就被稀释到了45%。这意味着，你可能已经没有了对公司的绝对控制权。不过这时候你还是公司的最大股东，有着很大的话语权。

第三次融资后，你只持有公司30%的股份。此时，第一轮投资人把自己持有的公司股份卖给了第二轮投资人，那第二轮投资人就成了公司最大的股东，持有55%的股权，你已经完全失去了公司的最大决策权。

如果再继续融资，你的股权份额会越来越少，直到你成了一个小小的股东，甚至可能被公司其他股东踢出董事会。这时候，公司怎么经营、怎么发展你都只能旁观，你的意见不再被任何人重视。

创业初期，你是公司的掌舵人，你说向东就向东，说向西就向西。但是当你的股份被稀释到一定程度后，你就好像是坐在船尾的乘客，虽然你想让船向东，但是如果其他的股东都决定向西，那你也只能跟着船走。

所以说，融资是个技术活，不能盲目。你得时刻提醒自己，公司的控制权才是最重要的。永远别忘了自己为什么出发。

第五大坑：人多了，心不齐

当你把投资人引入公司时，他们的观点和建议也会随之而来。尽管他们的专业知识和经验可能会对你的公司有所帮助，但如果投资人太多，你的公司就可能产生更复杂的管理问题。

投资都是为了获得收益，投资人自然也想让公司发展得更好，但怎么发展才算发展得更好，就仁者见仁，智者见智了。不同的投资人有不同的观点和理念，如图3-3所示。

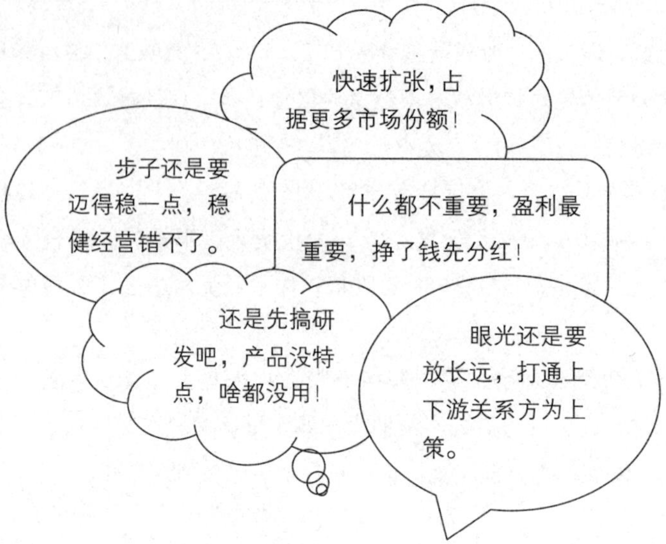

图 3-3　股东多了意见多

当这些看似合理的建议放在一起时，就吵得不可开交了，还会导致公司决策的混乱和效率的下降。创业者如果每天要花费大量的时间和精力去平衡这些投资人的观点，很可能导致公司的决策滞后，最后错过了许多机会。有时候，如果你不接受投资人的建议，他们甚至可能威胁要撤资。这对于初创公司来说无疑是一场灾难。一旦投资被撤回，公司的运营和发展可能会遭受重大打击。

在这里，要提醒创业者，在寻找投资人的过程中，应该找那些理念和你一致的投资人，不能仅仅因为他们能提供资金就匆忙达成协议。你需要事先和投资人确定一个明确的沟通和决策机制，或者直接在投资协议中说明对方不参与经营管理，这样才能避开后面管理的“坑”。

理财与投资是两码事

谈起理财，很多人第一时间想到的就是去银行存钱的时候，客户经理推荐的各种理财产品，想当然认为理财就是购买这些货币基金、债券基金等理财产品，或者直接去购买股票、其他基金，让钱生钱。这种理解是把投资和理财混为一谈了。

理财是一个很宽泛的概念，所谓的理财产品只是一种直接的称谓，并不代表买了这些理财产品就算是理财了。这里所说的理财，指的是规划财务资源，包括财产和债务。是的，还有债务，这足以看出理财与投资的不同。理财也要理债务，但投资是不能拿你欠别人的钱去投资的，不过别人欠你的钱倒是可以用来投资，即债权出资，那就是另外一个话题了。

理财的任务是合理规划你的钱，最好让你在每一个需要花钱的时候，都能有一笔相应的款项来满足要求。就像规划我们家庭的日常开支一样，每个月发了工资，就得先算好这笔钱怎么花，这就是理财。

比如，房租、水电、吃饭、出行都要考虑，还有孩子的学费，自己的社交娱乐费用，你要先保证钱够用，不能出现吃了饭没钱付房租这种情况。如果钱能剩下一点，就得存起来一部分，以备出现求医、旅行等家庭需求。要是还能再剩下一些钱，就要考虑怎么让剩余的钱别“闲着”，去保值增值，去购买基金、配置保险等，这就属于投资理财了。如果有了买房、买车这类大项支出计划，手头的钱不够，你还得想着怎么借钱，用什么方法借钱，借多少比较合适，并用好借来的钱，这些都属于理财的范畴。

站在公司的角度来说，理财不是那种理论性、概念性的东西，它跟公司的每一分钱都有关。无论是投资人出资、销售收入，还是债权融资，从每一笔资金进入公司开始，理财就开始了。公司需要好好考虑怎么花这些钱。

固定成本自不必说，支付工资、租金，购买原材料，这些投入都是要最先考虑的。除了这些，公司想要发展好，产品研发、市场推广也必不可少，这都需要资金投入。随着时间的推移，当公司营利了，有了剩余的钱，若想再迈进一步就意味着扩大生产，打开新市场。这些选择都需要资金的支持，若是钱不够，就得想办法从金融市场筹集。筹来了钱再开始下一个理财循环。所有这些用到资金来完成的事情都需要去“理”，去规划，这个过程就是理财。

理财关乎公司的每一个决策、每一分钱的去处，就是要确保公司这些财务资源的合理使用和安全存放。这里要注意把理财和财务管理区分开，会计核算、财务报告等工作不算理财。理财的性质整体是偏重金融的，属于财务管理活动的一部分。

投资就没有这么复杂了，投资是说将资金用于某个项目，或是股票、债券、房地产等，希望未来能从中获取收益。是的，目的一定是能获得收益。

创业本身就是一种投资行为。那些初创企业家，用自己的想法、时间、技术和精力，投入一个新的项目中，期待做大做强，收益翻番，从此走上人生巅峰。

还有为什么有人愿意给创业者投资，或者给成长型公司投资？又为什么有的人愿意购买那些涨跌不定的股票？答案很简单：他们看到了未来的潜力和可能的收益。

对公司来说也是一样，公司账面上有了“闲钱”，就想着用投资来理财了，增加自己的收益。不过，投资不是单纯的“买低卖高”，还包括对市场的研究、对趋势的把握、对风险的评估和管理。这些都需要具备深入的专业知识和敏锐的市场洞察力。投资能为公司带来新的机遇，无论是进入新的市场、研发新的产品，还是吸引新的客户，甚至是直接并购其他公司，或者购买基金、股票。这些都有可能成为公司价值增长的驱动力。

同样，投资也可能带来风险。一次不成功的投资，可能意味着资金的损失、企业的信誉下滑，甚至是整个项目的失败。这就能看出来投资过程中收益与风险的伴随属性了，想要收益更多，就得承担更大的风险，搏一搏，可能“单车变摩托”，也可能从此只能骑“共享单车”。

这么看来，投资就是理财的一部分，你有钱，可以去规划自己的钱怎么用，买保险、储蓄，或者出去旅游，但你希望你的钱能“生”出更多的钱，也可以选择通过投资来理财。

对公司来说，投资是用有限资源去撬动更大的财富。理财则更加全面和复杂，主动投资与被他人投资都算理财。所以，理财与投资确实是两码事。看似都是跟钱打交道，但其实二者的出发点是不一样的。

理财主打一个“稳”字，重点是维持公司资金的流动性，也关注如何让公司的钱保值甚至增值，让资源更有效地服务于公司。

而投资主打一个“利”字，讲究用手里的钱或者资源去获取更大的回报，为公司创造额外的价值和收入。这里注意是钱或者资源，是的，投资也不一定只能用钱去投资，用资产也能投资，用技术也能投资，想想那些房产出资、技术入股的股东就知道了。

有人可能会问：“创业者需要关注这些内容吗？刚创业处处都是用钱的地方，哪里有闲钱让我去理财或者投资。”

这你可就想错了，从成立公司的那天起，就开始理财了，你的创业资金怎么用，你融资得来的钱怎么规划，这都需要“理”。要说投资，购买设备、投入成本开发新产品等都是投资行为，不是只有买了金融产品，或者并购其他公司才算投资。

那创业者能做哪些理财和投资规划呢？来看一个例子你就懂了——

小张创业开了一家规模不大的餐厅，位置不错，生意也渐渐上来了。为了更好地运营，她开始学习理财与投资，并活学活用，做出了一系列决定。

理财规划：

①日常支出管理。每月要支付房租 10000 元，员工工资 20000 元，食材采购 30000 元，水电费等固定支出 1000 元，总计 61000 元。小张详细记账，尽量保证支出在预算内，并设有应急资金。

②现金流管理。餐厅旺季月收入 100000 元左右，有时遇到淡季只有 50000 元，入不敷出。小张为此准备了一笔“淡季基金”，防止现金流断裂。

③收益管理。盈利纳税之后剩余的资金，小张选择将钱分为三份：一份存入银行做短期定存，补充应急资金和“淡季基金”；一份用于购买公共责任险、商业财产险等保险，谨防突发事件给自己造成损失；最后一份用作投资，帮助餐厅扩大收益。

投资规划：

①新菜品研发。小张发现附近没有餐厅做烧烤，看到这个市场空白，他决定推出夏日烧烤系列。

②装修升级。发展到一定阶段，原本的环境吸引不了更多的食客，小张选择投资重新装修店面，营造更好的用餐环境。

③技术投资。小张购买了一套点餐系统，客人可以在线预订和点餐，提高效率同时增加了额外的在线收入。

即使是这么一家小餐厅，理财与投资都能做成这么细致，更不要说很多起点很高、前景广阔的创业项目，能做的太多了。

理财，就是看准怎么用钱，确保每天都能正常运转，不让员工到点拿不到工资，也不因为没钱而断货。投资就是盘算怎么让这些钱能生更多的钱。可能是开新的分店，可能是买新的设备，或者是培训员工提高效率。理财为投资提供了基础，没有合理的规划，怎可能安心去投资，万一要用钱拿不出来，现金流断了，公司直接就“黄了”。反过来说，投资也提供了一条扩大收益的路线，让公司可能有更多的钱可“理”。理财与投资，是相辅相成的。

不过有一点创业者要清楚，融资得来的钱如果明确指定用途，不能随意挪作他用。用错了地方，可能会带来法律问题。

用好杠杆，事半功倍

要说用有限的资源创造更多的价值，恐怕什么手段都不及“杠杆”效率高。你肯定听过阿基米德的这句话：“给我一个支点，我可以撬动整个地球。”杠杆就是“四两拨千斤”，堪称财富放大器。

我们都知道，投资的时候，收益取决于两个因素，一个因素是收益率，但收益率谁都不好把握。另一个因素就很好把握了，那就是本金。本金投入少，同样的收益率自然赚的就少。本金投入多，收益率一定的话，赚的就多。你说，我就有这么多钱，怎么增加本金呢？答案是——加杠杆！

在金融领域，加杠杆其实就是借钱去投资，通过背负一定的债务，用较少的投入，换取更多的收益。就是你用自己手头的少量资金，加上从别人那里借的资金，来做大事。这样，你的动作和效果就会被放大了。

通常来说，人们通过杠杆扩大投资，是期望得到更多的利润。好处是，如果事情进展得如你所愿，那你会得到比你原先预期更多的收益。但这同样也意味着风险会变大。如果事情没有如预期发展，你可能会损失更多，因为除了自己的资金，你还得还借来的钱。

举个例子来算算这笔账你就懂了——

小高听说有一批新建的增值潜力不错的商铺，预计3年后价值能增长30%，想自己投资买一个。小高手头只有50万元，只买得起最小的一间，如果三年后真的增值30%，商铺价值65万元，小高就能收益15万元。

他十分看好这个商铺的增值潜力，想要搏一搏，于是想办法借来100万元，凑够150万元买了一间大一些的商铺，此时他的杠杆倍数：

$$\frac{150\text{万元（自己的钱+借来的钱）}}{50\text{万元（自己的钱）}}=3$$

相当于把收益放大了3倍。

也就是说，如果3年后这间价值150万元的商铺能按照小高的预期增值30%，就会价值195万元，相当于增值了45万元，比小高自己用50万元来投资预计获得的15万元收益翻了3倍。届时把商铺卖掉，还了借来的100万元，再抛开自己的本金50万元，小高就能收益45万元。

这就是杠杆放大收益的作用。

但是，市场的走向又岂是一定的呢？如果3年后市场低迷，商铺价值反而下降了30%呢？

若小高还是用自己的50万元投资，商铺3年后价值下跌30%，值35万元，小高卖出商铺就会亏损15万元。

若小高还是借款投资，150万元的商铺，3年后下跌30%，仅值105万元。3倍的杠杆下，小高会亏损45万元。

这时候小高卖出商铺，只能得到105万元，100万元还了借款，手里原本的50万元，就只剩5万元了。

这就是杠杆放大了风险的结果。

从这个例子就可以看出：杠杆本身并不能提高投资的收益率，只是一个放大工具，既能放大你的收益，也能放大你的风险。当有人想短时间内获取更大的收益时，就会铤而走险加杠杆，过度杠杆化会让风险成倍地增加。

在财务管理中，有一个财务指标很重要，就是企业的杠杆率，企业的杠杆率是杠杆倍数的倒数。参考刚才小高借钱买商铺的例子中杠杆倍数的计算公式，所以企业杠杆率计算公式如下：

$$杠杆率=\frac{净资产（企业的钱）}{总资产（企业的钱+借来的钱）}$$

会计上还有一个计算公式：

资产 = 负债（借来的钱）+ 所有者权益（企业的钱，也叫净资产）

负债就是企业借来的钱，需要还的。所有者权益就是净资产，是企业自己的钱，包括股东所有的出资，还有账面剩余的利润，等等。简单来说，总资产就是企业的钱与借来的钱的总和。

这些钱可能被用来生产产品，变成库存商品，或者购买固定资产，或者还留在银行账户里，是银行存款，等等。从这个角度来统计，所有资产加起来是企业的总资产，只不过换了一种形态，但总值还是等于负债与所有者权益的和。

杠杆率能反映出企业的财务状况，这一比率越高，杠杆倍数就越小，说明在企业所有的钱中，自己的钱占得更多，借来的钱少，还款压力就小，债务风险低。反过来，如果杠杆率很低，说明企业基本靠借钱来运作，杠杆倍数就很高，风险被放大，所以，企业还款压力大，债务风险就高。一旦企业收入不稳定，会影响股东的收益。

当然，这里不是真的要让创业者去做投资买股票，进军金融市场，这对初创企业来说不现实，除非是专门做这一行的企业。但也不是让创业者为了避开风险就远离杠杆，这里要强调的是创业者应该正确看待杠杆，它就是一个工具，是一个放大器，有好处也有坏处，关键看你怎么用。企业经营如果能用好杠杆，就能放大收益，事半功倍。

有的创业者万事求稳妥，认为有多少钱就办多少事，没钱就不办事，绝对不借钱，这在一定程度上的确能降低风险，但是适度的负债确实能让企业运营得更好，让你有机会用有限的资源撬动更大的财富。

因为企业的钱并不是随时都够的，再怎么理财也会有意外发生。当意想不到的机会来临，你的资金并没有准备好，这时候怎么办？如果你既没钱，也不借钱，那就只能眼睁睁看着机会溜走。

比如，你的技术团队忽然有了突破，要完成整个技术开发还需要更大的投入，一旦开发完成就能成为一项领先现有市场的技术，利润前景广阔。这时候你钱不够，你借不借？如果数额不算太大，能够独立完成开发你肯定会借的，因为股权融资还需要跟别人来瓜分这块未来的“大蛋糕”，如果是借钱能自己完成，肯定是更划算的。这就是为什么总有企业在想各种办法融资。

更何况，创业这件事本身就是以小博大，用你手里所有的资源来赚取更多利润，如果一点风险都不愿意承担，还谈什么创业呢？

那些冲动且毫无顾忌借钱投资的创业者，是不理智的。反过来说，那些过于保守，怕风险怕到连借一点钱都不敢的创业者，创业成功怕永远都是一个梦了。

所以，灵活采用融资策略，让企业处于一个适度的杠杆率之下，不失为一个放大经营收益的好方法，也能更好地控制相应的风险。

除此之外，在企业经营中，杠杆效应的应用是很普遍的，不光体现在借钱经营上。有很多种其他的形式，凡是用微小的投入获得更大收获的行为，基本都是应用了杠杆。

比如，管理杠杆。这其实是企业内部一块儿很大的“金矿”。在一家企业中，人是相当重要的资源。采用各种管理手段让员工愿意全力以赴，充满热情来工作，能给企业带来成倍的效率提升。是的，成倍，一名员工效率的提升或许不明显，如果所有员工都提升效率，企业的运营效率可想而知。

所以，那些员工激励政策、团建、培训、流程优化等管理手段都不是无用的，如果这些管理手段付出的成本和收获一样，各自抵消，或者实行了没效果，这些内容就不会成为各大企业常见的管理方式了。必然是付出了微小的成本，能带来员工效率、沟通效果的大幅提升，才会被多数企业采纳，这就是管理杠杆。

还有两种杠杆十分常见，就是网络杠杆和品牌杠杆，这两个是在如今的互联网时代容易伴随出现的两种杠杆。在互联网快速发展的今天，利用社交媒体、论坛、博客等网络渠道开展营销，不知道什么时候一个视频就能火遍全网，以微小的成本迅速提升企业的知名度和影响力，吸引更多的潜在客户，这就是网络杠杆。而且，如今是信息爆炸的时代，很多消费者在选择产品和服务之前，都会在网络上搜索相关信息，比较哪个品牌好，哪个产品反馈质量高。所以，一个好的品牌口碑，会极大地促进产品的销售，这就是品牌杠杆。

不过，任何杠杆效应都有其两面性，管理杠杆使用不当，更会成倍打击员工的工作热情，网络杠杆和品牌杠杆如果应用不好，一旦企业出现负面事件，也会成倍放大负面影响，甚至让企业一夜之间垮掉。

所以，在运用这些杠杆的时候，企业一定要充分考虑到自身的实际情况，把握好度，防止过犹不及。企业要最大限度地发挥出杠杆的优势，控制好杠杆带来的风险，实现自身的健康、稳定和可持续的发展。

第四章
预算前置管控，拒绝盲目开支

有计划，好办事，预算管理就是一项前置管控措施，能帮老板更好地管理企业资源。初创企业一般收入还不稳定，有时候花的比挣的多，更应该严控预算，力争做到收支平衡。

不过，我们也时常看到一些企业的预算管理流于形式，这里面的原因很复杂，比如，有的企业根本不知道根据什么做预算，或者把事情都抛给财务，部门之间的意见无法达成一致，最后执行也执行不下去。还有的做了预算就交差了，后面的执行十分散漫，出不来效果。

不过不用担心，相信看过这一章内容，你就能大概掌握预算的精髓，知道基本的流程，并了解流程中每一步都有哪些痛点。

预算是企业经营战略的执行工具

跨年的时候，很多人都会写下新一年的年度目标，比如，我要挣多少钱；我要健身，体脂率达到多少；我要攒钱买一台新电脑；等等。五花八门的愿望和目标是个人对新一年的期许。有目标才有动力，知道往哪儿使劲。企业也是有目标的，今年有什么大动作，预计收入多少，成本费用控制在多少，最后达成一个预期目标。

那这个预期目标是经营者一拍脑门儿想当然地说："好，公司今年打算营利 100 万元！"这么定下来的吗？

当然不是，企业的每一步决策都不能，也不应该这么草率，一定得经过周密计算，最后得出来一个合理预期目标，实现这个预期的方案就是预算，这个预期目标也称为预算目标。

看到这里，我们知道了，得先经过数据计算，得出参考依据，确定一个合理的预算目标，再编制详细的预算方案来实现这个目标。

可预算目标的计算依据又是什么呢？既然不是随便指定的，那就是有确切数据的。这些数据从哪里来？一部分来自企业的固定成本数据，一部分来自往年的历史数据，还有一部分来自市场的行情，等等。不管来自哪里，在选取相关数据的时候，有一个重要的参考标准，那就是企业的经营战略。

凡是与企业经营战略相违背的数据就不能作为计算依据了。如果经营战略要控制成本费用，那固定成本如房租、水电之类的，也是有办法改变的。往年花了的钱也不是必须花的，市场上原材料贵了，也是能找替代品的。

所以，经营战略决定了预算目标的基调，假设企业今年的主要经营目标是“扩大市场”。这时候，预算的目标就不能只关注盈利的数字，而应关注市场的份额数据。比如，目标定为“市场份额预计增加 20%”以支持企业经营战略的实现，预算方案也就开始围绕预算目标详细编制，方案中的企业资源就会向市场部、销售部倾斜，市场推广和产品销售需要更多的资金来支持，预算方案里的广告费用、销售团队的奖金等标准都会提高。

如此一环扣着一环，从企业经营战略出发，最终到预算方案支持经营战略的落地，足以看出：预算就是企业经营战略的执行工具。

预算方案就是把企业的经营战略量化，拆解成一项又一项的数据标准，让企业上下明白各自的收入目标和用度标准。比如，销售部要挣多少业绩，人资部只能有多少费用，等等。要让员工知道计划收入多少，钱往哪儿花，没预算的地方不能随便花，还要省着点花，花完就没有了。整个过程就是企业经营战略从理论变为实际的过程，是战略目标从抽象转化为具体操作的过程。

所以，企业在年度预算编制的前期准备中，有一个必不可少的环节，就是开会。初创企业如果是第一年做预算，也可以从这一步开始。召集企业参与经营的股东，还有各部门的部门长，坐下来一起聊聊下一步应该怎么走，这就是“战略研讨会”。

战略研讨会讨论什么呢？大概就像一个学年末的“班会”，谈谈这一学年企业的“成绩”怎么样，为什么没考好？哪里丢分了？明年打算怎么努力？然后布置一下明年的任务和目标，如图 4-1 所示。

战略研讨会

▲企业去年成绩如何？目标完成了吗？

▲为什么没完成？供应链、绩效，或者财务管理等方面，哪里需要改进？

▲经济大环境怎么样？行业有哪些新政策？应该积极扩张还是稳健经营？

▲接下来的3到5年，要达到什么样的日标？

▲竞争对手都在做什么？我们的产品有优势吗？现在什么东西流行，我们能不能插一脚？

▲各部门说说明年的计划和预期。

▲企业给出一些关键的目标，明年想达到多少销售额，多少利润……

图 4-1　战略研讨会“布置作业”

但“布置作业”只是开始。下一步就是看看这些作业怎么完成。拿销售部来说，如果今年的销售收入是 200 万元，明年要增长 10%，那怎么增加呢？

或许可以考虑开展各种“老客拉新客”“买二赠一”等销售活动，还要针对销售人员出台激励政策，开设阶梯式绩效计算方式，卖出去的产品越多，奖金越是成倍增长。重要的是，提出的每一个措施都要经过评估。如果评估下来觉得实施困难，那就得换个方法。

这一来一去的，可能需要好几轮的讨论。但最终，要形成一个明确、可行的预算目标。然后，这个预算目标会分配给各个部门，层层向下传递，拆解成一个又一个的小目标，落实到每一名员工的身上。这实际上就是对经营战略的量化和具体化。

量化就是转换成数字来表示，假设经营战略是提高利润，预算目标是提高 30% 的利润，再接着计算，如果去年利润为 100 万元，那新一年的预算目标就是达成 130 万元的利润。还能继续往下量化，比如，去年销售收入是 200 万元，今年必须达成 220 万元，去年的成本与费用是

100 万元，今年就要控制在 90 万元，这样收入增加，成本与费用减少，利润空间就能扩大 30 万元，实现预算目标。

有了整体的规划接着要把以下收入和成本费用的预算数分配给企业的各个部门，成为各个部门的预算目标。收入自然是分配给销售部门，成本的大头基本要分给采购部门和生产部门，让他们控制成本。费用也要分配给各个部门，如人力资源部、财务部、后勤部等，这得看企业具体的组织结构情况。

量化的预算数据分配好就该具体化了，转换成实际行动，如开展销售活动增加销售收入；优化供应链管理，降低运营成本；裁员减少人工成本，合并部门减少管理费用；等等。一系列动作都是为了完成预算目标。这样，当每一名员工、每一个部门，企业整体上下全部按照计划走，就能一步一步，朝着目标靠近。一年结束，再回头来看，预算方案都按要求执行了吗？预算目标都实现了吗？企业经营战略目标达成了吗？再开始新一轮的“战略研讨会”，进行下一年的“布置作业”。

预算对于很多企业来说，不只是一纸方案。在执行企业经营战略的同时也在检验这个战略到底对不对。别看战略的制定都是有数据支持的，但数据的来源也不能保证全面可靠。最重要的是，依据数据做出的分析和预测也不一定完全符合市场走向。有时候就是“理想很丰满，现实很骨感”。

每家企业都有自己的预算，明年要做这些，预计能赚这么多，花这么多。但实际的情况真能如每家企业所愿吗？比如说，我们预计今年销售额能增长 10%，但实际上只增长了 5%，那就要问问为什么。是不是市场风向变了？还是说竞争对手做得比我们好？或者是内部管理出了问题？又如，如果成本超出了预算，那得看看是原料价格涨了，还是生产效率下降了？哪个环节我们可以做得更好？

看到这些数据后，企业不能只停在数字层面。要使劲深挖，看看背后的原因。这时候，企业战略就进入了考验阶段。

预算不光是一纸计划，更是反馈，可以告诉我们企业发展的方向对不对，方法行不行，策略是不是有效。每次总结预算，编制下一年预算，也是一次验证战略，优化战略的过程。

做预算不是财务一个部门的事儿

当企业经营战略已定，预算整体目标下达之后，预算方案的编制工作一般都是由财务部门牵头来完成的，最终形成一个看得见、摸得着的详细预算表，上报企业决策层进行审批。

根据之前的内容我们已经知道，预算是企业经营战略的执行工具。这足以将预算管理定性为企业层面的管理活动，而不是单独某一个部门的管理活动。每一个部门，甚至每一名员工都是预算管理的参与者，分配来的这些资源，这些钱，其实是企业的，不是某个部门可以独自决定如何使用的。所以，预算管理最主要的负责人应该是那些制定战略的企业老板。

那为什么这件事是财务部门来干呢？我们平时能看到的，不管是前期的预算编制，还是中期的预算执行监督，还有后期的预算分析考核，每一项工作都离不开财务部门的身影。这是为什么？

因为大方向定下后，老板不可能每一件小事都亲自处理。这时候工作就得下派，找谁合适呢？其实很简单，预算管理的重点本来就是定个目标，预计挣多少钱，预计花多少钱，绕来绕去总绕不出一个“钱”字，有谁比财务部门更懂钱呢？财务部门不但能做预算，监督也是一项基本职能，恰好满足预算管理的各项工作需求，简直就是不二之选。

不过，工作是派好了，但问题也接踵而至。第一步的预算表编制过程就是一个“坎儿”，数据汇总十分难搞，一家企业各部门内部上传下达，以及跨部门沟通效率怎么样，这时候就能体现出来了。平时说起来都是兄弟部门，大家是一个整体，可真要到检验配合度的时候，很多企业的预算工作就卡壳儿了。

有一个现象很常见：负责汇总预算数据的财务人员“三催四请”，有的部门就“三推四阻”，要么直接一句话，“我们部门的预算跟去年一样”，要么不按要求填表，让补充相关的材料也是能拖延就拖延。

为什么会有这种现象呢？说到底，这里面有一个思维误区。当作预算的工作派给了财务部门，很多人就认为，“这是财务部门的工作，不是我们部门的工作”，于是，有的部门给自己的角色定位就成了一个配合者，而不是参与者。这种思维误区带来的结果就是沟通效率较低。创业者必须首先看清楚这一点。

在这种思维误导下，有的人工作心态就会发生微妙的变化，比如，我配合你，你怎么还对我提那么多要求？于是报个表、补个材料都不积极。

其实这还只是小摩擦，更难的也有。比如，在申报预算的时候，明显某个部门上报的数据超预算了，不符合之前战略研讨会上定的大方向，财务负责人不批，还可能引起争执，甚至闹到老板面前。

来看一个例子——

小易是一家公司的财务负责人，最近公司在编制下一年的预算。

销售部门上报了超高的费用预算，小易一看，其中一条为，年初预计购置 20 台最新款智能手机，趁着新年活动赠予介绍新客户来的老客户，附赠的报价单合计 10 万元。

这笔钱真的不少，超预算了，小易觉得不能批，就给拒了，让销售部门重报。但销售部门的负责人知道后不乐意了，直接冲到办公室说这笔费用必须批！

双方相持不下，最后闹到了老板办公室。

为什么会这样呢？其实也不难理解。在企业中，实际上拿钱做事的都是生产部门、销售部门、采购部门、研发部门这些部门。他们买东西、支付工资、生产产品、市场推广、技术研发等活动都需要花钱。而财务部门，日常开销并不大，除了人工成本，最多也就是买点纸、出点打印费。

现在，不花钱的部门要管花钱的部门怎么花钱，就像不会做饭的人，照着菜谱指点下厨的人盐要放多少，酱油应该用几滴。恐怕很多部门都会觉得："你在教我做事？"

说回上面小易这个例子，恐怕销售部门的负责人这么冲动，也是因为觉得小易没弄明白送手机能带来多少新客户，公司业绩能增长多少，就直接"一刀切"卡预算的行为不合理，所以产生争执。这就是在"配合者"心态下导致的思维误区，只把上报预算当成了完成任务，而不是主动参与预算制定，积极沟通预算方案。如果能在这条预算下方附上详细的营销活动方案，或者同时沟通活动用途，简单说明预计带来的收入增长数据，可能就不会出现直接被拒绝的情况。

但反过来说，小易的表现也有很多"槽点"，预算表本身在编制阶段，预算数据都是在讨论商定中，没有绝对的卡死标准，还不知道具体情况就盲目"砍"预算，是很不理智的。

虽然单独看，一场营销活动就花费 10 万元费用太高了，但换个角度来看，这笔钱是用来回馈老客户介绍新客户的推广费，是不是 10 万元的广告费就显得不那么高了。甚至进一步来说，小易都没有了解过销售部门的营销活动方案，如果是介绍多位新客户并成交多少额度才可赠送，那换来的收入，可就不是 10 万元的费用可比的，维护好的话，新客户也能成为老客户，这是源源不断的价值。

所以，由此可以看出：做预算，绝不是财务部门自己的事。财务部门毕竟没有直接参与各个部门的日常工作，所以沟通的环节必不可少，没有与其他部门沟通的话，那做出来的预算就是"纸上谈兵"，后期执行起来处处是漏洞。

既然老板交给财务一定的审批权限，也有其道理，的确也存在有些部门为了自己新的一年"手头"宽松点儿，本来 5 万元的费用，要报成

10万元，这样后期执行起来自己轻松。这时财务的卡预算作用就能体现出来了。

做预算，一个部门都不能少。销售团队天天跟客户打交道，他们能最先察觉市场的变化，知道投入多少销售费用才能拉到客户。生产部门工作在生产一线，知道做出一定数量的产品，要买多少材料，要多少人手，要多久的时间。人事部门最清楚企业的人手情况，知道达到销售目标，要招多少新人，还得给员工提供什么样的待遇才能让他们热情高涨。以上这些信息在做预算的时候都特别重要，所以，预算是一件需要企业所有部门一起参与的事情。

值得一提的是，当所有的员工都参与到做预算这个环节中时，员工对预算方案的接受度就会更高，毕竟自己包的饺子最香嘛！这一点对于后续的预算执行是很有帮助的。方案定了肯定是要执行的，如果这方案都是财务部门自己做的，那在执行的时候就会处处受阻。但现在不一样了，这是大家一起确定的方案，如果出现超预算的行为，就得接受不被批准的现实，除非十分必要，老板同意才能支付，不然找财务是没用的。

而为了达成这种财务牵头，企业上下各部门通力配合的局面，就必须扭转“做预算是财务一个部门的事儿”这一思维误区。凡是涉及企业整体的事情，是没办法交给任一部门来完成的，因为没有哪个部门是跳出事件之外有中立立场的。所以，只能是老板亲自下达指示，强调相互配合工作。最好能构建一套预算编制体系，企业整体下发，所有人按制度办事。

制度的培训工作可以交给财务部门，其帮助各部门掌握预算编制办法，有哪些填表的注意事项，谁先谁后，环环相扣。最后确定各部门预算提交时间，财务部门汇总后生成预算方案，上报企业决策层审批。

预算的起点是销售预测

“以销定产”四个字很多人都听过，中心思想就是，生产的数量和种类应该基于实际的销售需求或市场需求，而不是盲目生产。简单说就是，你得先看市场上啥好卖，能卖多少，再决定产多少。

这样做主要是为了合理分配企业资源，免得盲目做了一大堆，结果没人买，东西都堆仓库了，不光生产的成本收不回来，仓库的存储费还每天在涨。

大部分企业，尤其是制造型的企业，最大的收入来源就是销售收入。提前预测一下销售的情况，就能提前做规划，如买多少原材料，雇多少员工，仓库需要存多少货，甚至关系到现金流的管理。这些内容在预算里都是重要组成项，销售数据预测出不来，这些数据也不好确定。

有的人不明白，为什么一定要通过预测销售数据来规划其他方面，为什么不是从预测生产、预测研发，或者预测其他内容开始？

其实道理很简单，不管是生产也好、研发也好，最终都是为了卖出去，让这些东西变现。如果投入了一大堆成本，最后变不了现，一切都是白做工，企业还谈什么盈利？

就拿以生产预测为起点做预算来说，不知道你有没有经历过这样的事情，家庭聚会，你花了一上午时间买材料、调馅儿、揉面，包了香菜馅儿的饺子，结果客人来了，对方根本不吃香菜。

不做销售预测，忽略市场的需求，直接从生产开始得到的结果很可能跟这个差不多，市场很快就会“教”你做事，消费者根本不买账。

设想一下，你满怀信心地准备了一大堆货卖不出去，前期的生产或原材料投入自不必说，这些货又不是空气，仓储成本也都在涨，企业的钱被“冻结”在这里。随着时间的推移，它们还可能会过时，或者过期，碰到极端天气、意外事故，还可能直接“付之一炬”，成为一笔营业外支出。这样的结果恐怕不是任何一位老板希望看到的吧？

生产固然重要，但只关心生产，忽略外面的市场变化是很可怕的。除了销售预测，以其他预测作为起点其实都差不多。不以市场需求为出发点，就可能做出与市场变化相违背的决策，在市场上逆行，只能得到一个结果，就是被市场淘汰。

所以，预算的起点应该是销售预测。

销售预测主要预测两个方面：一个是挣多少，另一个是花多少。

一家企业要设定销售目标，可用的方法不止一个。其中最直接、最好理解的，当然是参照历史业绩数据。这就跟减肥要看看现在体重是多少，健身要参考身体的历史数据是一样的。比如，一个爬三层楼就气喘吁吁的人，健身的目标直接定成每天跑十公里，就完全不合理。所以，企业看看过去几年的业绩表现，参考历年同行业的市场数据，结合行业走势或者国家经济增长趋势来预测，可以估算出一个相对合理的收入目标。

不过，对于初创企业来说，这个办法显然不适用，刚创业哪儿来的历史业绩？其实，创业者更关心的是怎样才能让收入和支出平衡，盈亏平衡才好放开手脚，放平心态。这需要详细计算企业的固定成本和变动成本，找到销售多少才能收入和成本相互抵消的那个平衡点。

来看看这个例子——

有一家玩具制造企业，想算算每个月需要卖多少产品才能盈亏平衡。

先来算固定成本，假设房租每个月 10000 元，水电等杂费每个月 500 元，管理人员固定工资每个月 15000 元，生产设备每个月折旧 2500 元，合计 28000 元。

再说变动成本，每生产一件玩具，要消耗原材料价值 200 元，要支付给生产工人计件工资每件 10 元，每销售 1 件玩具，要支付给销售人员 10 元。所以，每件玩具的变动成本是 220 元。

其他成本费用暂且忽略不计。

假设该玩具每件售价 500 元，制造企业生产并销售 X 件玩具可以盈亏平衡，计算公式如下：

28000（固定成本）+ 220X（变动成本）=500X（销售收入）

解出：X=100（件）

所以，这件玩具制造企业每个月要卖出 100 件玩具，才能盈亏平衡。

找到盈亏平衡点，就能将其作为初创企业销售预测的参考数据，销售目标的制定千万不能低于这个点。

不只如此，这个盈亏平衡点在产品定价的时候也需要参考，产品的销售价格也关系到企业的收入预测。定价总得知道成本是多少，价格不能高到让人望而却步，也不能低到亏本，而且要看行业趋势，比如，别家的产品是怎么定价的？不能偏离太远，价格得有竞争力。

在大目标确定下来之后，企业一般都会选择层层分解下设的策略，尽可能把销售目标按照不同的标准分配下去。这是因为大目标太模糊了，不分解下设很容易出现空喊口号，没人干活儿的情况。

比如，按月份分解，某些产品在夏季可能会卖得更好，如冷饮、空调、泳衣等；而冬季则是羽绒服、暖气设备等卖得好。除此之外，节日促销、季度末的销售冲刺等都会影响到每个月的销售目标。所以，企业主营的产品如果季节性很强，就可以选择根据淡旺季、节日和其他因素分解销售目标到每个月。

按产品或销售团队来分解也很常见。每个团队，甚至每个人的能力和经验都是不同的。有的团队擅长大单业务，有的则擅长小而频繁的交易。所以，当企业提供产品和服务种类多样时，要考虑到每个团队的特长，团队过去的业绩记录以及他们所在的地区或客户群体，按照产品或销售团队经验来分解目标。

在给团队下达任务的时候，要特别注重公平原则，奖懒罚勤会寒了能力强的人的心。比如，有的销售团队业务能力比别的团队好，出于所谓的大局考虑，定目标下任务的时候，领导就把最难的地区和最不好卖的产品交给他们，其他销售团队反而承担更轻松的任务，最后下拨的成本费用预算也是一样的，业绩奖励办法还是一样的，这就很容易打击员工的工作热情。能者多劳没错，但多劳一定得多得，不能出现“鞭打快牛”的现象。这是一个管理陷阱，很容易被忽略。

若是把目标分解到个人，就更细化了，也更具挑战性。除了要避免如同给团队下任务的过程中容易出现的奖懒罚勤情况外，还得特别注意目标一级一级分解下来，到底是在做减法，还是在做加法。

这话什么意思呢？就是在说明这样一个现象——当老板给出一个总目标，下面的销售总监接到这个目标来分解做预算时，心里可能会有点打鼓。“求其上者得其中，求其中者得其下，求其下者无所得”的道理大家都懂，目标定得高，就算完不成也是尽可能得到更好的结果，他们就担心目标定低了，完不成任务，不好交代。

这会造成什么结果呢？就是把自己的压力下放。比如，老板大手一挥，今年目标收入 300 万元。销售总监接到任务，给下面人定目标他就不会正好就按 300 万元这个数，一般是往高定。假设部门一共 5 个销售团队，每个团队 10 名成员。如果按 300 万元的目标来分解，每个团队本来 60 万元就可以了，但是销售总监可能定 70 万元。

每个销售团队的队长给每一名业务员定业绩目标的时候，出于同样的心理，还可能继续加码。70 万元的指标分给团队里的 10 个人怎么分呢？每个人 10 万元的业绩目标吧。

最后，一共 50 名业务员，合计 500 万元的业绩目标，这与最初的目标收入 300 万元提高了近七成，业务员压力倍增，如图 4–2 所示。

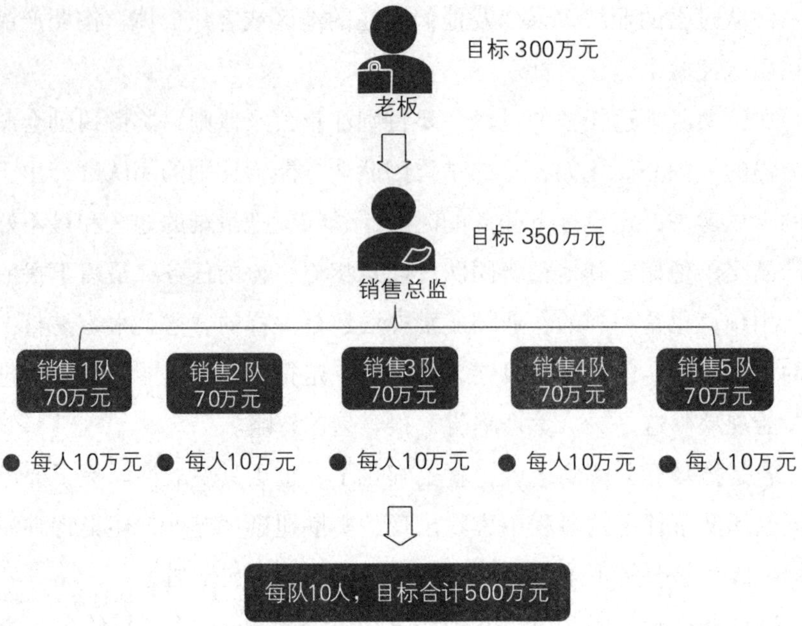

图 4-2　目标分解的“加法”

在这种情况下，尽管业务员压力倍增，销售总监的压力却小了，哪怕业务员最后的任务只完成了七成，500 万元的七成就是 350 万元，也超过了老板定的 300 万元目标，能完美交差。但合理的压力可能出成绩，过度的压力可能吓跑人。所以，做销售预测的过程绝对是一个体现管理者能力的过程，只会把自己压力往下放的领导无法长久。

总的来看，销售预测是一门技术活儿。目标确定不管是过高或过低，过粗或过细，都不好。还是得统筹考虑，才能做好预算的第一步，有一个好的起点。

比如，上一年业绩好，企业领导就很容易对下一年期望过高，战略研讨会上确定的战略目标就高，所以整个预算的基调也被拔高了。目标过高，执行压力就大。如果成了怎么努力都够不到的目标，就会让人失去努力的热情，反正也完不成任务，干脆放弃努力吧。

但目标过低，过于保守也会走到另一个极端，因为预算执行最后是要纳入考核的，跟销售部门的业绩直接挂钩，那么为了让自己这一年过得轻松一些，就可能出现大谈工作难、工作苦的情况，拉低领导的期望值，本来能挣300万元，就报200万元，这样对被考核人比较稳妥，对企业来说却不是好事儿。

销售预测就是既要实事求是，又要留有一些灵活空间。归根到底这不是一场数字填空游戏，而是实打实的管理活动，管理的办法、尺度、语言沟通都需要好好把握。

预算的终点是成本费用

既然预算的起点是销售预测，那预算的终点是什么呢？

很多人面对这个问题，会脱口而出："当然是利润了，做预算不就是为了让企业多挣钱吗？"这个回答只知其一，不知其二。

如果真的了解做预算的流程，就会知道：成本费用才是预算的终点。

企业在编制预算的时候，一般会直接设定一个利润目标，如今年打算营利200万元，在做完销售预测后，发现销售收入目标是500万元，这时候，就倒挤出来企业最终的成本费用预算总额是300万元。所以，在这种情况下，成本费用就成了预算的终点。

为什么这么算，而不是预测了收入，计算了成本费用，再确定利润目标呢？想想你平时每个月发了工资是怎么计算花销的就知道了。

以小明为例，他大学毕业刚参加工作，假设让他跟别人说明自己每个月要花多少钱，他的焦点就会放在考虑哪里需要花钱，尽可能把所有需要花钱的地方都列出来，如图4-3所示。

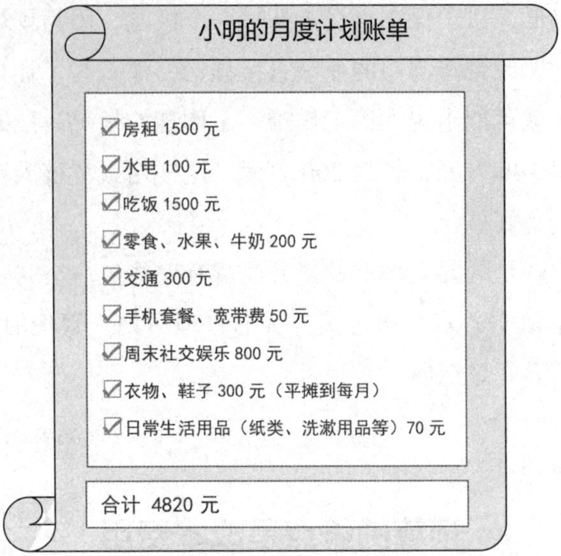

图 4–3　小明的月度计划账单

图中所列的只是一名单身青年在一座消费水平一般城市的日常花销，总额合计 4820 元。

那如果小明每个月的工资只有 4000 元呢？怎么办？这时候，他的思路瞬间就不一样了，焦点就会转向怎么调整、压缩这些费用，而不是关注哪里需要花钱。

一看花的比挣的多，生活都困难了，就开始挑挑拣拣，这个零食、水果、牛奶可以不吃，省下 200 元；周末可以减少一半社交娱乐，省下 400 元；衣服鞋子暂时够穿，少买点，省下 300 元。合计省下 900 元，工资够花了。

可是，这样每个月只能余下 80 块钱，基本还是个“月光族”啊，万一以后需要就医买药、出门旅行、自我提升，或者有了其他大项的支出计划，都没有多余的钱来办事，所以还得存钱。

小明咬咬牙，打算每个月存 1000 元，这样的话，他的日常花销就得用收入的 4000 元减去这 1000 元的储蓄，每个月只能花 3000 元。

这时候，小明看着房租1500元开始动脑筋，是不是能换一个便宜点的房子租？自己买菜做饭的话，能不能吃饭的花销再省出来一部分？还有周末的社交娱乐费用是不是能再减点？总之，所有看起来不是那么需要的费用都会考虑削减的可能。

看着这个过程是不是很眼熟？企业编制成本费用预算的时候也是一样的道理。如果没有一个上限卡着，上来就直接统计成本费用，就会把所有可能的花销都统计进来，焦点完全放在了怎么花钱上。很可能算完一看，成本费用比销售收入的预测还高呢！直接导致亏损。

所以，一定要先把利润目标定下来，再来一点一点“抠”成本费用预算，于是，成本费用就成了预算的终点。

这样做，企业各部门在有限的预算总额下，就开始仔细审查每一笔费用，找哪里可以削减，哪里可以优化。那些看起来不是特别必要的花销，就可能直接放弃；或者想各种办法找“平替”，尽可能用更低廉的价格做成效果差不多的事情。这就是“抠”成本费用预算的过程，也是优化企业内部控制水平的过程。

但具体这个预算怎么“抠”，还有几点需要注意。

一个都不放过

凡是跟钱有关的事情，不论大小，都得纳入预算考虑。即便是企业买张纸的钱，或者买支笔的钱，买套垃圾桶的塑料袋的钱，都得在预算表里有一席之地。主打就是“一个都不放过”的心态，确保不遗留任何可能的开支。只有这样，才能尽量避免后期出现没考虑到，但不得不支付的成本费用，造成预算超支的情况。

凡事留一线

当然，谁都不能保证“算无遗策”。所以，超出预算的费用并不是一定不能支付。比如，销售活动准备到一半发现预算不够了，难道活动就不办了吗？只要单独申请，流程审批通过，还是可以支付的。所以，为了避免出现这种情况，做成本费用预算也要相对留些余地。虽然考虑的时候，所有微小的费用都要考虑，但真正报预算额度的时候，要设一个合理上限，给可能超预算的部分“留一线”。

抓大放小

虽然前面说过，垃圾袋的费用都要纳入预算。但是，没有哪家企业真的会在预算表里专门有一栏写上“垃圾袋”多少钱。一般直接归于办公费，按部门统一预算，不进行细分。这就是“抓大放小”，不浪费时间做无谓的细分，抓住“办公费”这个“主要矛盾”就可以了，具体是用来买什么办公用品就不需要一一列入预算了。

其他成本费用的预算编制也是一样。这种做法可以让事情变得简单，后续执行起来也更方便。比如，行政部门采购一批办公用品就不用一支笔、一张纸、一卷垃圾袋这么申请，直接采购一批办公用品就可以了。

忌一刀切

职场中人可能经历过这样的场景：你策划了一个方案，方案十分详细，最后也认认真真、十分客观地列明了需要的每一笔费用，报了一个预算数，如 10 万元，交给部门领导了。

领导大致翻了翻，然后告诉你：“这个预算太高了，减一半吧，5 万元。”这一刻，仿佛之前花时间列明的每一项费用根本毫无意义，5 万元预算，这个方案根本就做不下来，最后的结果就是改方案。

这种根本不考虑实际情况，盲目“砍”预算的行为就是“一刀切”。哪怕数据列得再完善，好像不减掉点，就跟买衣服没砍价似的，心里总觉得缺点什么。

俗话说：“上有政策，下有对策。”如果有一个“一刀切”式的领导，很可能带出来一堆“漫天要价”的下属。有过一次被盲目“砍”预算的经历，下一次再报预算，“吃一堑，长一智”的下属上报的预算数可能就是 20 万元了，这样即使领导看也不看就减一半，剩 10 万元，刚好符合员工原本的心理预期方案。

如果企业上下都是这种风气，整个所谓的预算管理就是白做工了。这就是为什么"一刀切"不可取。所以，在做成本费用预算的时候，上报前审批预算的管理人员也需要具体情况具体分析，不能盲目地"一刀切"。"抠"预算也不能不管不顾，想怎么"抠"就怎么"抠"。

成本和费用，两手抓

成本费用预算"抠"的自然是成本和费用两项内容。

先来简单说说成本和费用有什么区别。成本一般指直接涉及产品生产或服务提供的花费，如原材料、生产工人的工资、生产设备的折旧费等。而费用就是企业日常运营中的一些其他花费，如办公费、业务招待费、财务手续费之类的。管理人员、销售人员的工资都属于费用，分别计入管理费用、销售费用。不过，这两个概念也没有分得那么清楚，有的成本也可以直接归为费用。

编预算要成本和费用，两手抓。这是从"企业盈利"这一目标出发考虑的。

如果一家企业只管怎么降成本，不管控费用，资源浪费是小事，影响产品的核心竞争力是大事。比如，为了降成本费用，企业选择使用更便宜的原材料，降低产品质量，调低生产人员的工资这些方式。对于销售部门的差旅费、业务招待费、招聘费、员工培训费等都不管，就可能导致企业产品竞争力下降，而很多不必要的费用还在一直浪费企业资源。

反过来，如果只是"抠"费用，不考虑优化生产，同样会带来问题。比如，销售活动效果不好，员工福利待遇下降，生产效率低，生产成本高昂。这样直接影响企业的整体运营效率，还控制不住成本费用的大头，利润目标也很难实现。

总之，编制成本费用预算得眼明心亮，每一分钱都看得清清楚楚，做好应对各种情况的准备。

预算执行控制与调整

预算方案编制完，企业决策层一致通过。预算下发，各部门开始按预算执行。这时候，怎么执行？用 18 个字来总结：想花钱，先申请；预算内，走流程；预算外，不给批。

来看看具体是什么意思。

想花钱，先申请

看到这一条有的人想不明白，不是都上报预算了吗，预算也通过了，额度也分配好了，为啥每次花钱还都得打报告，这不是多此一举吗？

其实，这就是预算管理中的事前控制，目的是让预算方案得到彻底的贯彻和执行。有的企业忙忙碌碌、热火朝天做了预算，但当到了执行时，预算好像成了摆设，执行起来都是乱套的。他们以为只要做了预算就是大功告成了，根本就没想后面怎么具体执行的事。可是，要是不落实，预算不就成了“一纸空文”？那还做它干什么？

而且这里面有一个思维误区需要纠正，并不是说预算给了你多少额度，你就可以随便花的。预算只是一个预计投入，而不是实际投入，也不是必须投入。比如，做预算的时候预计年度广告投入要花 100 万元，但忽然企业发现了某社交媒体平台，注册了账号，拍了视频，比原本的计划成本下降了，得到了同样的推广效果。这个时候，难道还必须花够 100 万元的额度才算执行了预算吗？当然不是，能省一笔必定是要省的。

要知道，各部门拿到预算额度，并不是说这钱就是你的部门资金了。有的人觉得：“既然预算给我了，那我想怎么花就怎么花，只要不超限额，别人都没权来管。”这种思想很危险，这钱也不是某个部门的私有财产，依旧是企业的。

预算是从企业的经营战略目标出发来制定的，体现了企业怎么合理使用有限的资源，来实现最大的收益。要是每个部门都以自我为中心，只关注自己的预算，不考虑整体的协同作用，资源被浪费是必然的事儿。如果每个部门浪费一点，本来 100 万元能办成的事，最后得花 150 万元。

而且，如果手里有钱的时候不做规划，没有一个明确的审查机制，就可能会在不必要的地方花超额了，而真正需要的时候，又会因为资金不足而导致活动搁置。

所以，想花钱，必须得先申请。申请了，上报了，才能做好执行规划，而不是今天有钱今天花，明天没钱就不花了。这与理财的过程一样，要把预算的额度用好，尽量什么时候有需求，都能有钱花，才是最好的。

预算内，走流程

当部门有了预算后，在花费时就得遵循这个预算。也就是说，你想花钱的时候，要先看看这笔钱是否在预算内。如果是，就可以按照企业的正常流程申请使用这笔钱，一般都是能批的。

审批人员的角色就是一个关卡，他们的工作就是确保这笔钱的使用是合理的，是否真的符合预算。审批岗位并不是设在那儿专门为难人的，而是确保企业的钱花在刀刃上，不被浪费。

不过有一个现象是企业中特别常见的，既在预算内，按道理讲可以通过审批，但是又确实在浪费企业资源，那就是年末“突击花钱”。

大概意思是，预算周期一般是一个年度，前 10 个月各个部门都是小心翼翼的，生怕花超了，能省就省。等到了 11 月、12 月的时候，一看预算还剩好多，忽然就放开手脚了，开始“突击花钱”。

这种“突击花钱”的现象往往基于两个原因。一是很多部门担心如果今年的预算没花完，明年的预算就会被压缩。二是纯粹出于“不花白不花”的心态，反正预算已经到手，不花对自己也是浪费，于是各种团建、业务招待活动就开始了。

从财务角度看，这样做真的是在浪费企业资源。为了消耗预算而匆忙决策，就只是在花钱，不管回报。对企业的正常运营和发展作用少得可怜。更关键的是，突击花钱会打破企业资金的正常流动规律。一年的大部分时间内，资金使用较为稳定，但到了年末出现大量的出款，这可能导致企业财务不稳定，对资金的统筹规划影响也大。

那怎么办呢？管理层其实应该琢磨琢磨，怎么让这预算更灵活、更合理。比如，能不能每个季度或半年看一看预算情况，根据需要调整一下后面的预算，让预算与部门的实际需求更加匹配。这样就不会到年末才发现预算用不完了。而且，年末的时候，还得加强审批，不是说你要花钱就给你花，得看看这花费是不是真的有必要。

预算外，不给批

预算方案被审批通过，那是责任到人的，各部门的负责人都是要签下考核通知的，直接跟绩效挂钩，如果完不成预算目标，必然要接受相应的处罚。所以，这不是小事，预算方案做出来也不能只是一个参考和摆设，而是一个要实打实贯彻的标准和指标，随意变动根本不可能。

如果产生了预算外的费用，不管是什么原因，最后都是预先没考虑到。从财务管理的角度看，财务部门对于这些未预计的费用，通常是比较谨慎的。原因很简单，这些费用可能会影响到企业整体的财务结构和健康度。

比如，你一个月有 3000 元的生活费，突然有一天你想买一个 5000 元的东西，如果这笔钱非花不可，那接下来好几个月就得节衣缩食了。所以，并不是产生了预算外的费用，它就是独立于预算体系的，最后必然还是会影响到其他的预算安排。

除了超预算的费用，完不成的销售预算也不能随意调整，如果有业务员来说："这个月行情不好，产品卖不动，能不能调调预算？"这也太儿戏了！或者某个部门预算不够用了，也不分析情况，直接去找其他部门"借预算"的，这些行为都不可取。

企业的态度要肯定：不批准！不然今天你要调，明天他也要调，预算就成了一个"笑话"。预算也不是部门的私有财产，不是谁想调就可以私下"交易"的，如果每次完不成目标就私下调整，很快企业的资金就乱套了，这些部门的负责人也快干到头儿了。

态度是坚决的，但是不是就绝对没有特殊情况？

也不是，毕竟管理是灵活的。不是说完不成预算或产生了预算外的费用一定不会被批准。只是，"这个月市场不好""之前没想这么多""花着花着，不知道怎么花超了"不可能成为预算调整的借口。你得有充足的理由说服企业这个开销是有必要的，如你那个5000元的支出是病了要求医问药，那就算超预算了也肯定得出，确实是事先预料不到的意外情况。但要是说旧手机不喜欢了，5000元换一部新手机，没预算，这事儿就不行。

放到企业里，更具体点说，你可能需要更多的文档、数据和分析来证明预算外费用支付的必要性，或预算收入目标调整的必要性。详细报告为什么必须要调整，以及它如何与企业的长期和短期目标相符，能给企业带来什么效益，或者证明当初的预计是完全错误的。这种就属于出现非正常情况了。

当出现非正常情况的时候，企业的预算的确是需要调整的。毕竟当初编制预算的时候只是一个预计情况，不是说已经全面掌握了未来的走向。这里的非正常情况有很多，在企业内部，战略变化了，组织结构大调整了，主营方向换了，甚至是遭遇重大困难，面临破产了，等等。还有不可忽略的外部情况，行业环境变了，政策规定改了，竞争对手异军突起打了我们一个措手不及，等等。

这种时候，企业为了应对这些非正常情况，就得做出大动作来调整经营方向，自然预算也要跟着变动。

其实很多企业在做预算的时候也会考虑到这些突发事件，提前预留一定的预算额度来应对可能的变化，不失为一个明智之举。

不得不做的预算绩效考核

大大小小的考试每个人都经历过很多场，考试本身就是对学习成果的检验。企业中也是一样，考核也是对工作成绩的一种检验，如图 4–4 所示。

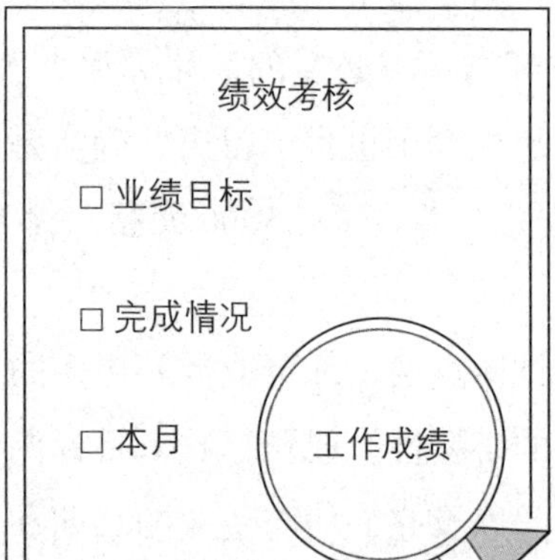

图 4–4　绩效考核

绩效考核，就是检查员工或部门在一段时间内的工作表现，如他们完成了多少任务、达到了哪些目标，是否按时按质完成。这样就能知道员工或部门的工作表现如何，哪里做得好，哪里需要加强。最重要的是，这个绩效数据在企业提拔、奖励，或者培训员工时都能作为参考。

有的企业的绩效也直接跟员工的工资挂钩，绩效越高得到的绩效奖金也就越高。所以，绩效考核不只是一种评估，更是一种管理和激励的手段。

企业如果想让预算执行效果更好，那把预算执行纳入绩效考核无疑是最直接的办法，相当于考试多加了一门科目，叫“预算执行”。这样，预算的执行情况就跟每个人的绩效挂钩了，也就跟每个人的工资，以及在企业的发展空间息息相关了。而如果没有考核，执行不执行都没差别，也就没人去真的关心这个费用会不会超标，那个销售业绩要不要再拼一拼了。

所以，预算绩效考核是一件不得不做的工作。但要把这事做好，可不是一锤子的事。那我们应该怎么做，才能让这个考核真正达到效果呢？以下几点可以作为参考。

白纸黑字写清楚

预算和绩效考核不能是企业高层单方面审批了，就直接下发开始考核，必须得经过各部门的认可。因为各部门上报的预算方案可能经历过多次削减，最后只能为了交差勉强上报一份。

现在要是把这个方案作为考核标准，完不成就重罚，那很多部门就得重新开始慎重考虑了。所以，为了避免到了年底考核，各部门负责人完不成预算再反过来“哭诉”当初不合理的削减，造成预算管理失效，在一开始预算审批通过后，就要预算签字，白纸黑字明确责任和奖惩措施。

各部门负责人在认同的情况下签字，这样到了年底也就没什么理由逃避责任了，企业也能更好地管理各部门的预算执行情况，在日常工作中做到心中有数，知道哪里可以花，哪里得省。

还有一点很关键，有什么问题，在签字之前也能有一个直面沟通的机会，如果就是完不成，各部门负责人也可以选择不签字，不能被逼着承担不该承担的责任。在这种情况下，就得考虑企业的预算方案是不是压得下面太狠了。要知道，预算绩效考核的目的是促进企业的健康发展，真不是为了单纯给下面施加压力。过于苛刻的考核标准只会打击人们的积极性，反而不利于预算目标的实现。

公开场合说明白

至于给下面员工的绩效考核标准，就得在公开的场合下一起说明白。不能企业悄无声息地在公告栏发出公告，也没通知大家去看，也没开培训会强调这件事的重要性，就直接开始考核。

有的员工不怎么看公告栏，甚至都不知道预算执行要被算绩效，然后就直接被考核了。这样可得不到员工对预算方案的认同，毕竟不是每一名员工都参与到预算编制活动中了，现在有人还不知道这样做会与工资挂钩，就已经被扣钱了，这怎么能算合理呢？

讲清楚也不光是为了给员工提个醒："好，我要开始按这个标准考核你了。"还是为了让员工有成本意识，知道要为企业省钱。如果员工干脆认为预算这事跟自己没什么关系，都是领导该考虑的事，那就有违预算管理的初衷了。积少成多，如果每一名员工手头都松一点，整个企业花出去的就很多。

真正做到奖罚分明

到最后绩效考核结果出来了，得真的有奖有罚，"胡萝卜"和"大棒"一个都不能少。

预算执行好的，给企业省了钱的，或者预计收入 300 万元，销售人员直接完成 500 万元的，必须大力奖励，公开奖励，让员工都看到，做得好确实有奖，才能使员工更积极，更主动。

而超预算的，完不成任务的，也必须有惩罚措施。让员工知道，这不是闹着玩儿的，预算绩效真的关系到他们的奖金和发展。不然高高拿起，轻轻放下。下一次，就会有更多的人不在乎这件事儿，觉得反正也不会真的有什么惩罚。

奖罚分明除了要做到有奖有罚，还要做到奖罚平衡，不能完不成目标狠狠罚，而超额完成目标的就只是口头表扬，或者走个过场，没什么实质性的奖励。这样的话，就不会有人用心去做了，不超标就好，年底“突击花钱”的现象也会更普遍。

注意向上反馈

基本上预算管理是一个自上而下的管理行为。从经营战略目标的制定，到销售预算的确认，再到成本费用预算的审批，很多时候，预算总额设置好了，就是各部门怎么分配的事。大家挣的都是同一块蛋糕，资源有限，所以最后是不是真的够用，执行起来效果好不好，单纯去按数字考核是不知道真实情况的。

因为一看某个花销超预算了，可能直接就砍掉了，即使这笔投入可能换来成倍的收益，也可能被直接砍掉。这时候来考察预算执行效果，能看到的就是执行情况挺好，没有超预算的情况。但具体发生过什么，就没人在意了。

所以，建立一个向上反馈的机制很重要，员工和部门负责人在预算执行的第一线，他们对预算绩效考核系统的优缺点有着最直接的感受。建立一个反馈机制，让他们可以随时为预算绩效考核系统提供建议，这样能确保系统始终保持活力和实用性。

第五章
读懂财务报表，用数据做决策

经营一家企业，无论大小，决策总是至关重要的环节。那么，决策的依据是什么呢？是直觉、经验，还是其他？其实，一个稳健的、能够持续走长远的企业，其核心的决策都是基于数据的。这么说不是在否定直觉或经验，只是强调数据实实在在的重要性，数据往往能先于人发现那些潜在的市场变化和公司动向，而且很多数据结果常常能打破人的刻板印象，揭露更真实、客观的现实情况。数据决策显然是一种更有底气、更具说服力的决策方式。

说到数据，企业中哪个部门最擅长处理数据、解读数据呢？没错，就是财务部门。财务部门不仅仅记录每一笔收入和支出，更重要的是，还反映了企业的整体健康状况。看一看资产负债表、利润表、现金流量表，就能对企业整体情况有个大概的了解，深入分析和挖掘这些报表数据背后的信息，更能直接为决策提供支持。企业决策，应该充分参考财务的建议，这是创业者和已经创业成功的老板们应该认识到的一点。

科学的决策离不开数据的支撑

从古至今，博采众长、广纳良言一直是打破个人思维认知的主要办法，能帮我们看问题考虑得更全，而不是沉浸在自己的世界里，只看到事情的一面。

在过去，组织发展还主要依赖领导个人智慧来实现英明决策的时代，通过各种办法来集思广益是很常见的。如采用德尔菲法来汇集专家意见，但即使是这样的，说来说去最后都是“经验之谈”。

这种经验，是那些专家们历经多年的实践累积而来的，其中可能混杂着他们的偏好、情感或者特定时期的观点。很容易受到过去的“刻板印象”影响，导致忽视一些重要的、现实的客观情况，造成决策失误。

那么，有没有更靠谱的决策方式，能够提供更加客观、更具前瞻性的决策依据呢？有，就是数据决策。

先来看一组数据，根据某电商平台的数据统计：2023 年，该平台男性用户彩妆购买量环比增长 70% 以上，高于女性用户的消费增长速度。

这一数据统计结果真是让人觉得不可思议，在传统印象里，彩妆类产品的消费市场一直是由女性用户主导的，但现在数据告诉我们，男性在这方面的需求正在大幅增加，侧面反映出了“他经济”的崛起。这种消费行为的转变，是我们靠经验或常识很难预见的。

有了这个结果，接下来，彩妆行业的企业们在市场策略上就要重新评估判断了，对男性市场可能会给予更多的关注，产品研发上可能也会推出更多男性专属彩妆产品。这就是数据带来的指引价值。

再来看，假如某旅游企业要在贵州省开发一个旅游项目，前期规划阶段，在客源定位上瞄准了外省游客，想要针对主客源做个市场调研。

毕竟全国各地的游客对旅游项目的需求和偏好是不太一样的，如果提供的产品或服务偏离了主客源的需求，游客不买账，就可能造成投入与回报不成正比，对项目未来的运营不好。

在一般人的印象里，外省游客一般多来自相邻省份。然而，贵州省文化和旅游厅的数据统计显示：2022 年，贵州省最大的外省客源地是广东省。贵州省跟湖南省、广西壮族自治区、云南省、四川省、重庆市相邻，跟广东可还隔着一层呢。这跟原本的想象完全不同，但事实就是如此。那么，这个旅游项目在开发的时候就必然得考虑到广东省游客的喜好了。

从上述这两个例子就可以看出：在当今这个大数据时代，单靠经验或直觉进行决策是远远不够的，甚至是有风险的。而数据才是现代企业决策的基础，揭示了真实的，甚至出乎我们意料的市场现状，能帮企业纠正很多可能的判断偏误，精准地定位市场情况，避免盲目和偏见。这足以体现出数据对企业决策的支撑作用。

那，用数据支撑企业决策，用的是哪些数据？

“明数据”

“明数据”就是企业那些容易获取的、能直接量化的数据。这些“明数据”合起来提供了一个企业日常运营的立体视角，让管理者能够对公司的健康状况和运营效率有一个直观的了解。当然，仅仅依赖这些数据并不够，因为它们只展现了问题的表面。为了深入了解问题并做出更全面的决策，企业还需要考虑其他更复杂的数据资源。但不可否认的是，这些“明数据”构成了企业决策的基础。

以下列举了一些企业常见的“明数据”：

- 财务报表数据

像资产负债表、利润表、现金流量表、股东权益变动表等报表中的数据都属于“明数据”。这些财务报表数据为外部投资者和公司管理层提供了关于公司财务状况的详细信息。企业是盈利还是亏损，现金流充不充足，有多少资产，有多少负债，一切信息都列在那儿。每个月、每个季度、每年企业都会按照不同的周期来统计这些数据，一眼就能看到公司的财务状况。

• 销售数据

包括企业每月的销售额、各个产品的销售数量、退货率等等。这些数据是企业市场活动的直接反映，为企业提供了宝贵的市场反馈。想知道这个季度哪个产品最畅销，哪个产品退货率高？都能从销售数据中找出来。销售数据也能帮助企业调整市场策略，例如重新定价或调整广告预算。

• 库存数据

进了多少货，出了多少货，有多少货品在仓库，哪些货品即将过期，哪些货品需要补货？这都能在库存数据中找到答案。库存数据对于制造和零售行业来说是至关重要的。它能告诉企业哪些货品存量充足，哪些可能面临短缺，确保生产和销售活动的连续性，避免企业出现“断货”的情况，耽误销售进度。同时，也可规避囤货太多，卖不出去，堆在仓库里。

• 员工数据

包括员工的入职日期、工资、考勤和绩效评估等。员工数据则关系到企业的人力资源管理。对于任何企业来说，员工都是宝贵的人力资源。了解员工的绩效和满意度，确保他们在合适的职位上，能帮助企业提高生产效率和员工满意度。

“暗数据”

“暗数据”是跟“明数据”相对应的，是那些不能直接获取、量化的数据，大部分是非结构化数据，如文字、图像、音频、视频之类的，也有一部分是隐藏在“明数据”之下，需要进一步挖掘分析的数据。

这些数据一般被储存起来就放到一边了，很少能利用起来。因为很多时候根本不知道怎么使用，贸然使用还可能泄露敏感信息，比如，未经授权就随便查看员工的私人互动，或者未经允许使用顾客的购买记录，这些都可能带来法律和道德的问题。当然，也有很多企业压根儿就觉得它们并不重要。

但真相是，这些“暗数据”中隐藏着很高的价值，为企业提供了另一种视角，甚至可能颠覆很多人原有的看法和假设。只不过“暗数据”处理起来会很麻烦，不好直接量化。

以下列举了一些企业常见的“暗数据”：

• 消费者反馈

消费者一些随意的评论、投诉或建议，虽然不会直接体现在销售数据上，但能暴露出企业暗藏的问题，也能反映出消费者真实的需求和期望。比如，开餐馆的在外卖平台上会收到很多的消费评论，这就属于“暗数据”。不要小看这些评论，对于销量也是有很大影响的，很多消费者下单前会参考其他人的用餐评论，要是上来就看到很多差评，这个“吃到虫子了”，那个“口味不怎么样”，很可能就退出选别家了。虽然这些评论不会直接出现在企业的销售数据中，但是又确确实实影响了企业的销售额。

• 员工反馈

员工工作在第一线，他们对企业的文化、管理和发展也有自己的看法。在日常交流中私下吐槽最多的问题往往就是企业实际运营环节中的痛点，比如部门沟通不畅，审批流程过于复杂等等。可能在正式的会议上，他们没有机会或者不愿意直言，但在日常的闲聊或者邮件交流中，他们的真实想法会不自觉流露出来。这些建议、意见，甚至是抱怨，其实都是“暗数据”，为企业提供了从基层出发的真实观察。

• 操作日志

企业的管理信息系统每天都会生成海量的操作日志，对于大多数人来说，这些日志似乎只是一串数字和代码。但事实上，如果细心分析，这些日志可能会揭示出系统的性能问题、用户的行为习惯，甚至是潜在的安全风险。

当拥有大量的“明数据”时，企业很容易认为自己已经全知全觉了。但真正的价值往往隐藏在那些不被注意的角落里。“暗数据”就像是企业的一部“后台录像”，记录下了每一个细节。当“明数据”告诉我们一切正常时，“暗数据”可能会揭示出一些深层次的问题。如果有人开始重视并深入挖掘这些数据时，往往会发现它们为我们提供了新的视角、新的风险，甚至是新的商机。在这个大数据时代，学会综合运用和分析“明数据”与“暗数据”来科学决策，无疑会为企业带来更大的竞争优势。

财务部门就是企业的数据中心

大数据时代，谁掌握数据谁就有主动权。那企业的数据都在谁手里呢？在这个话题上，我相信，没有哪个部门比财务更有发言权。无论是企业哪个经营环节产生的数据，最后都得顺着资金线归集到财务部门。

可以说，财务部门就是企业的数据中心。如果你对这一点有疑虑，可以从下面三个角度来具体看看是不是这么回事儿。

数据也是一种资产，财务要管

对公司来说，资产是其最核心的元素。一提起资产，大家可能会习惯性地认为资产就是公司的物质财产，比如建筑、设备、库存商品等等。但信息化的推进逐渐深入，带来的是企业数据的爆炸式增长，在支持决策方面展现出极高的价值，这让数据成了企业的新型资产。

有一点要先说明，并非所有的数据都具有相同的价值。在财务领域，定义某样东西是否算作资产，通常要从三个维度来判断：

先看来源，资产都是由于企业过去发生的交易或事项而产生的。“过去”这俩字是重点，不是现在，也不是未来，必须是那些已经确实发生的事儿产生的数据，才能被视为资产。

再看所有权，资产必须归企业拥有，或者由企业控制。如果这数据属于别人，那就不算企业的资产。比方说，以前很多酒店入住都需要交押金，后来有的企业推出了一项策略，芝麻信用超过 750 分就可以免押金入住。那这个芝麻信用分数算酒店的资产吗？不算的，因为酒店只能用来参考，并不能拥有和控制这项数据。但企业内部经营的销售数据肯定是企业所有的。

最后看价值，能为企业带来经济利益的才算资产。这是衡量资产价值的一个关键维度。对于数据来说，如果其分析和应用可以为企业带来经济利益，例如帮助改进业务流程或优化决策，那么它无疑是一笔宝贵的资产。但大数据时代的数据实在是太多了，那些存在故意误导的，或者跟企业完全不相关的数据，就不能作为资产。

所以，从上述三个角度来判断，那些由企业的历史交易或操作活动产生的，属于企业或受其控制的，并具有为企业创造经济价值潜力的数据，可以判定是企业的资产。

既然如此，企业中谁来负责应用和管理这些数据资产呢？

财务部门不可或缺。虽然每个部门的数据都会有相应的人来应用和管理，但都少不了财务的影子。在传统的角色定位中，财务部门对公司的资产管理是负有一定责任的，资产盘点就是财务的工作之一。这也意味着，假如企业要专门来管理数据资产，财务部门必是负责人之一。更具体地说，数据资产，不仅要经过财务部门的核实和录入，还要经过深入的分析和解读，尽量能给企业带来最大的经济效益。

这使得财务部门不再仅仅是一个进行核算和报表的功能部门，而是企业的数据中心，负责对所有数据资产的管理、盘点和统计。

每一笔资金数据，都经财务之手

想想看，企业干什么不用钱？从采购原材料，到生产产品，再到销售和研发，动一步有一步的投入，不发工资就没人干活，不给资金什么项目都进行不下去。可以说，企业的每个经营环节背后都有资金流转。而这些流转的资金，每一分每一角，都会经过财务的手。

财务的职责不只要支付这些资金，还管记录、核算、分析、汇报。其他部门能看到的只是自己部门产生的数据，或者与自己相关的数据，比如销售部门可能只关心销售额，而生产部门可能只关心产量。而财务部门沿着资金的动线，能看到每一笔资金在企业各个部门的流动，从一个全局、整体的角度，来看待企业的运营。每笔资金都代表着公司的一部分资源被投入某个特定的活动中，而这背后反映的都是企业的每一次决策和选择。

每一笔资金流转所包含的信息也相当丰富，可不是只有付了多少钱这么简单，交易的时间、地点、对象、方式都是信息，对于企业分析经营状况都很有帮助，比如同一产品在不同月份的销售额，不同产品在同一月份的销售额，都能用来比较分析。通过查看某个研发项目的资金投入进程还能判断项目进展情况等等。这些数据背后隐藏的信息，可是企业搞清状况，看清前路的重要依据。

由此可见，财务部门的确是企业的数据中心，是整个组织的信息枢纽。他们所处理的每一笔资金数据，都与企业的未来息息相关。

财务报告，报告的就是企业整体的数据情况

财务报表汇总报告是财务部门的重要工作，应该没有哪个老板不关心企业有多少资产，多少负债，账面盈利多少，以及现金流的情况吧。这些财务报表的每个数据点都代表着企业，在某一段时期或某个时间节点的财务状况，每个科目都反映着企业某方面的经营情况。

虽然其他部门也都有自己专属的数据和报表。就像销售部重点汇报

销售数据，展示销售业绩和市场反馈；生产部持续追踪生产数据，反映生产效率和产品质量；研发部着眼于项目数据，揭示了研发进度和创新能力。但是，这些数据大多是局部的、单一维度的。它们关注的是企业的某一方面，而不是一个全局的、宏观的视图。没有哪个部门敢说自己的数据能整体反映企业各方面情况的，但财务报表可以。

比如，看销售报表看不出来企业的研发投入了多少，看生产报表看不出这些产品的销量如何。但你要是看财务报表，就能看出来销售收入了多少，生产投入了多少，甚至研发进展到什么程度了，企业多少债务要到期了，库存商品是不是太多了，现金流是不是太少了，这些都能从财务报表中知道，汇集各个部门的情况，也是一份企业的“体检报告”。有了这份“体检报告”，老板才好“对症下药”，做出改善，让企业更健康，走得更平稳。

看到这里，就能知道，不管是从资产、资金，还是从报告的角度来说，财务部门所掌握的数据的确是企业全面的数据。再加上现在的财务共享中心建设，让一切工作更加信息化，这个“数据中心”的名头，财务部门更是当之无愧。

资产负债表，盘点“家当”有多少

老板们其实不需要知道这个资产负债表是怎么做出来的，但是一定得知道资产负债表说明了什么。

这是一张公司整体的“家当”盘点表，整个表就是在展示资产、负债、所有者权益这三项内容，不过，这张表有一个基础，是前边提到过的一个会计公式，即：

资产 = 负债 + 所有者权益

用最简单的话来说，资产就是公司所有的钱，也就是全部“家当”；

负债是公司借来的钱，需要还的；所有者权益是公司股东们的钱，属于公司自己。

所以，当拿到一份资产负债表，里面的各项内容排列也可以这么来看，左边所有的钱等于右边借来的钱加上自己的钱。如图 5-1 所示。

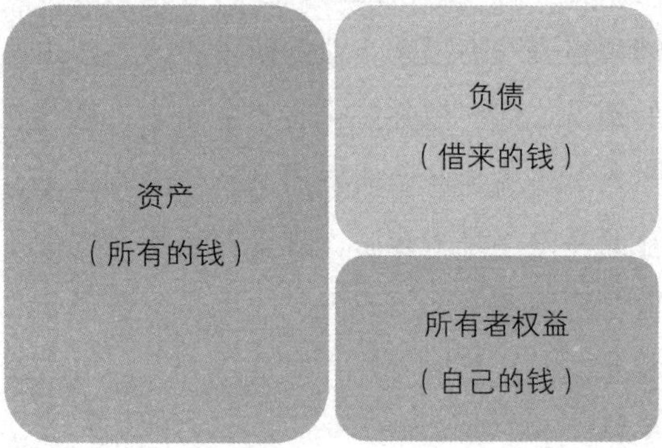

图 5-1　资产负债表的内容排列

整个资产负债表的左边都是在告诉我们“钱用在哪儿了”，而右边则是在告诉我们“钱都从哪儿来的”。比如公司从银行借款 100 万元，就会在左边资产里增加 100 万元，右边负债也增加 100 万元。等公司还这笔钱的时候，左边资产会减少 100 万元，右边负债也会减少 100 万元。一直保持左右总额相等。

只有清楚知道自己手里都有哪些资源，才能更好地利用这些资源去创造价值。接下来，我们一个一个解读资产负债表中所有的科目，让你一秒看懂公司都有哪些“家当”，其中又有多少外债，多少可用利润。

注意，这里的解读只是一般情况的简单理解，并非严谨的财务术语，可能存在涵盖不全面的地方。

资产

资产主要分为两大块——流动资产和非流动资产。这里的“流动”可不是说真的“长腿”会流走，不是物理上的移动，而是从金融和经济的角度来描述的。

如果这些资产能快速地（一般是1年内）变现，也就是转换成现金，那就算它流动性好，是流动资产。比如存货，很可能短期内就卖掉换成钱了，在财务上的流动性高。

非流动资产就是那些不好快速变现的资产，可能是企业的长期投资，或者其他可以持续提供价值的资产。比如企业打算长期持有的股权、自己建的厂房之类的。

主要的报表项目代表什么，如表5-1所示。

表5-1　资产报表的主要项目简单解读

分类	报表项目	简单解读
流动资产	货币资金	随时都可以使用的钱，直接拿在手里的现金，存在公司账户里的银行存款都算
	交易性金融资产	公司的短期投资，就为了赚个差价
	应收票据	东西卖了，服务提供了，对方给了一张汇票，还没去承兑
	应收账款	东西卖了，服务提供了，对方还没给的钱
	预付账款	公司自己买货、买服务，先付出去的定金
	其他应收款	类似于应收账款，但不是因为卖东西或提供服务产生的。如买股票宣告了但还没收到的分红，别人欠了还没给的利息，员工借公司还没还的钱等等
	存货	货架上或仓库里的东西，包括零散的制作材料，做一半没做好的东西，以及做好了还没卖出去的东西
	持有待售资产	打算短时间内卖掉但还没找到买家的流动资产

续 表

分类	报表项目	简单解读
非流动资产	长期应收款	跟应收账款差不多，但要很长时间（超过一年）才能要回来，如融资租赁产生的应收款，对方要分好几年给钱
	长期股权投资	投资别的公司的钱，买的股票或者股份，打算长期持有的
	投资性房地产	买来作为投资而不是自己用的房地产，可能出租也可能等增值后再卖
	固定资产	为了日常运营买的长期使用的东西，如办公桌、电脑、机器设备，甚至是一栋楼
	在建工程	正在建设的项目，如正在建的新厂房
	无形资产	看不到、摸不到，但能为公司带来价值的东西，如品牌、专利、版权等等
	开发支出	开发新产品、研究新技术花的钱，预计将来有回报
	长期待摊费用	预先付了一年以上的钱，如预先支付了 1 年的房租，每个月慢慢分摊
	递延所得税资产	因为会计和税法上计税有差异，导致过去交税多交了，以后可以少交这么多税

从资产报表的每一项能看到公司的钱都用在哪儿了，还剩多少可用的钱？资产多不多，每年是不是在逐渐增加？流动资产多还是非流动资产多，企业资产的变现能力怎么样？而细看每一个项目也能看出来一些公司的问题，比如，高存货可能表示销售不佳，而低存货可能表示产品非常受欢迎或供应链管理得很好，也可能代表企业的生产力跟不上了。

反正看资产负债表就是能全面了解公司的经济状况，这些都是评估公司健康度、预测未来趋势的关键信息，连投资方考虑是否投资这家公司也会关注这部分数据。

负债

负债这块内容跟资产一样，也按照流动性的强弱，分为流动负债和

非流动负债，

流动负债，就是公司那些在短期（通常是 1 年）内，需要偿还的债务。这些债务大多跟公司的日常运营活动有关。非流动负债就是那些长期（1 年以上）需要还的钱。这些债务很多是公司借来投资和扩张的。

主要的报表项目代表什么，如表 5–2 所示。

表 5–2　负债报表的主要项目简单解读

分类	报表项目	简单解读
流动负债	短期借款	1 年内要还的借款
	交易性金融负债	短线金融交易持有的负债，后出售或赎回，如发行商业票据，承诺 3 个月后按约定赎回
	应付票据	买了东西没给钱，给对方开了张汇票，跟“欠条”差不多，可以在一定期限内去兑钱
	应付账款	买了东西没给钱，说好以后给
	预收账款	客户先付的定金，但还没交易
	应付职工薪酬	公司欠员工的钱，如很多公司次月发本月工资，这个月报表就得先把欠多少统计到这里
	应交税费	该交还没交的税费，如还没到申报时间先统计到这里
	其他应付款	公司欠别人的钱，但不属于上面提到的那些款项
非流动负债	长期借款	超过 1 年才能还清的借款
	应付债券	为了筹钱，发行了债券，未来要还的钱
非流动负债	长期应付款	类似长期“欠条”，说好多年后再付的钱，如分期购入大型设备，分几年付钱
	预计负债	已经发生了一些事，预计会让公司背上债，如还没判决但很可能会败诉的官司会带来的诉讼费、赔偿金等。
	递延收益	政府补助
	递延所得税负债	因为会计和税法上计税有差异，导致过去交税少交了，以后得补上

看负债主要是看企业的负债都从哪儿来，还款压力大不大？其中，重点要注意流动负债和非流动负债的金额。

负债管理的好坏直接关系着公司的稳定性，流动负债多，公司短期内的资金压力就大，都来催款，就可能资金链断裂，或者还不上钱导致破产；而非流动负债的增加则可能反映了公司的长期投资和扩张计划。

所有者权益

所有者权益报表的项目比较少，基本就是企业股东投的钱和赚来剩下的钱，如果企业是亏的，那未分配利润那块就是负数。

主要的报表项目代表什么，如表 5-3 所示。

表 5-3 所有者权益报表的主要项目简单解读

报表项目	简单解读
实收资本	股东投的钱
资本公积	公司筹资超过注册资本或股本份额的那些钱，一般来自股票发行的溢价，如票面是 10 块，但价格是 12 块，溢价的 2 块就算资本公积
专项储备	设立的、用于特定目的的储备金，如高危行业设立的安全生产费
盈余公积	从赚的钱里面提取一部分备用，用来扩大再生产、补充资本等，有法定提取的部分，也有任意提取的部分
未分配利润	剩下赚的钱，还没决定怎么用，亏损的时候这里是负数

看所有者权益报表的项目能看出公司自己的钱都什么来源，结构怎么样，股东的投资回报好不好？企业挣了钱，是立马就分了，还是留下来继续扩大发展？还能比较不同时间企业的未分配利润数据，暂时不赚钱没事，如果长期趋势是向好的就行，要是一直亏损可能说明发展战略有问题，得调整。

利润表就是公司的“成绩单”

老板看利润表，其实就是在查看公司一段时间的经营“成绩单”，收入就是“加分项”，支出就是“减分项”，最后看看到底能得出多少利润成果，所以，这张表也遵循着一个会计公式，即：

收入 – 费用 = 利润

拿到一份利润表，就能看到表的排列上，主要就展示了三部分内容，如图 5–2 所示。

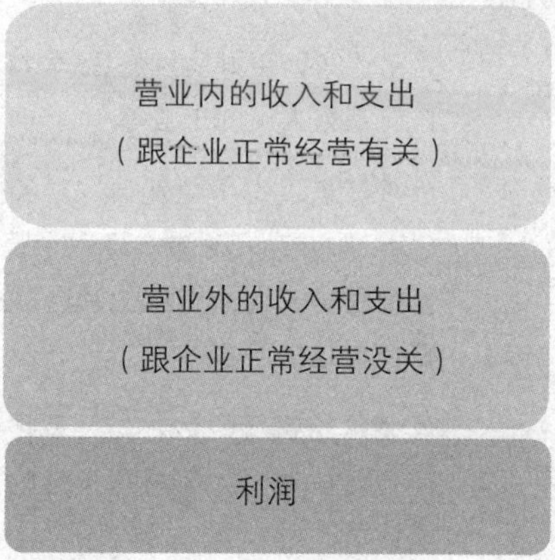

图 5–2　利润表的内容排列

其实这张表很简单，就是展示了一个加加减减的过程，收入了就加上，支出了就减去，最后算出来公司到底赚了还是亏了，赚了利润就是个正数，亏了利润就是个负数。

主要的报表项目代表什么，如表 5–4 所示。这里对利润表的每个项目进行了简单解读，不过并非严谨的财务术语，可能存在涵盖不全面的地方。

表 5-4　利润表的主要项目简单解读

计算	报表项目	简单解读
+	营业收入	包括两项： ①主营业务收入：干正事挣来的钱，如蛋糕店卖蛋糕挣的钱； ②其他业务收入，干副业挣的钱，如蛋糕店卖花挣的钱。
-	营业成本	跟营业收入是相对应的，也是包括两项： ①主营业务成本：干正事付的成本，如蛋糕店做蛋糕付的奶油、鸡蛋等成本钱； ②其他业务成本，干副业挣的钱，如蛋糕店进花付的成本钱。
-	营业税金及附加	公司经营上交的税
-	销售费用	为了让东西更好卖付的钱，如打广告、搞活动花的钱，还有销售人员的工资等
-	管理费用	日常管理过程中的耗费，如买支笔、寄个快递、出门办事打个车等等，管理人员的工资都在这一项，包括财务部、人资部的后台职能部门普通员工的工资也是这一项
-	财务费用	大多是给银行的钱，如付款银行扣的手续费；也有银行给的钱，如公司账户结的活期利息，收入的时候计负数
-	研发费用	研发产品、创新技术的开销
-	资产减值损失	买的东西或资产不值钱了，贬值的部分
-	信用减值损失	出于信任给客户赊账，最后没给完的钱收不回来了
+	其他收益	政府补助的钱

续　表

计算	报表项目	简单解读
+	投资收益	买股票之类的赚的钱
+	公允价值变动收益	买了股票，价格涨跌带来的收益变动
+	资产处置收益	变卖旧机器等资产，赚的钱或者亏的钱，都是资产处置收益，用正负数表示
=	营业利润	以上正常营业活动加加减减剩下的钱
+	营业外收入	意外之财
–	营业外支出	意外破财
=	利润总额	营业利润 + 营业外收入 – 营业外支出
–	所得税费用	公司赚钱了要交的税
=	净利润	赚来最后真正属于公司的钱

利润表中的各个项目展示的，就是一家公司一段时间里的收支统计明细。老板和投资者一看就能立马知道公司最近挣了多少钱，花了多少钱，留下多少利润。也能通过计算毛利率等利润指标来跟同行业竞争对手的数据进行对比，看看企业有多大市场份额，产品有没有竞争力？整体的走势是越来越向好，还是波动或下降？这能提示企业的产品策略正不正确，能不能找个优化方案。

收入是这张表的开始，营业收入基本就是公司的收入来源，不管是“正事”还是“副业”，只要能给公司赚来钱，都算此列，这是一个公司运营健康与否的重要指标。高营业收入意味着公司的产品或服务很受市场欢迎，但这仅仅是这张“成绩单”的第一项。

钱挣的时候来源很统一，但花的时候可就花样百出了，想挣到钱，得先付成本做出来产品，经营过程还得支付一系列花销，利润表上的成本和费用详细列出了这些开销，各有各的用法，让人眼花缭乱。但是不仔细分类统计不行啊，收钱的时候就是各个产品或服务的收入，花钱可得每一分花哪儿了都搞清楚。

不过，这张利润“成绩单”最后的分数如何，得看利润数。真正能反映公司运营效果的，是那个扣除了所有成本和费用后的利润数。这个数字可以说是老板和投资者最关心的，因为它直接显示了公司在这段时间里实际上赚了多少钱。这个数字越大，公司的运营效率越高，盈利能力越强。如果利润微薄或出现亏损，那就得分析原因，查找问题所在了。

但是，这个时候得出的这个利润是“营业利润”，别忘了，公司经营并不总是能如期照常进行，一点小意外还是有的。这点小意外可能是“天上掉馅饼”，也可能是“天上掉石头饼”，被砸到的人得到的是惊喜还是惊吓，就不一定了。惊喜算是意外之财，比如收到一笔好心人的捐款，或者一笔保险赔偿等等，是营业外收入。而惊吓只能算是意外破财了，比如公司仓库遭灾了，发大水货被冲走了，就是营业外支出。

当在营业利润的基础上加上了营业外收入，再抛出去营业外支出，就能得到一个真实的企业利润总额，公司这段时间忙活就是赚了这么多钱，如果这数是负数，那就是亏了这么多钱。既然赚了，那就得交税，交完税表里最终看到的净利润，就是经过所有计算后，公司实际得到的钱。也是这张利润“成绩单”的最后分值，一个盈亏结果。

健康、稳定增长的公司，净利润应该是稳定或逐年增加的。如果净利润出现大幅下滑或连续亏损，那么公司就该好好反思哪里出问题了，该找原因找原因，该改进改进，重整旗鼓，继续前进。

这就是利润表。

钱出钱进，看现金流量表

现金流量表是财务的第三张表，纯粹从“钱”的流入流出角度来看企业的活动情况，企业的日子是过的手头宽绰，还是一块掰成两块花，从现金流量表就能看出来，如果企业的现金一直在流出，而很少流入，那日子肯定越过越紧，得立马警醒起来，小心资金链断裂，如果企业的现金流入的多，流出的少，那日子肯定要相对宽松，家有存粮，心不慌。

现金流量表的排列上，主要展示了三部分内容，如图 5-3 所示。

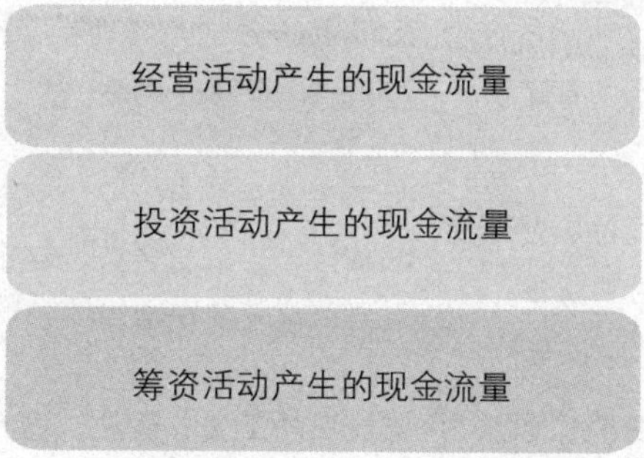

图 5-3 利润表的内容排列

这三项活动就覆盖了企业现金流入流出全部的活动类型，这张表也遵循着一个会计公式：

现金流入 – 现金流出 = 现金流量净额

现金流量净额就是企业的自由现金流，自由现金流越多，企业可用的闲钱就越多，能做的事也就越多，经营得更好。理论上来说，只要有钱，企业就能一直活动下去，如果没钱了，哪怕资产再多，也可能迈不过去这道坎，牵一发而动全身，最后整体崩盘也未可知。

接下来具体看一下现金流量表的这三部分内容，让我们换个角度来理解这些报表项目。

经营活动产生的现金流量

经营活动产生的现金流入和流出情况，如表 5-5 所示。

表 5-5 经营活动产生的现金流量主要项目简单解读

流向	报表项目	简单解读
现金流入	销售商品、提供劳务收到的现金	卖货、给人服务赚来的收入，这个数字越大，说明公司的业务越成功
	收到的税费返还	之前多交的税，或者享受税收优惠退回来的钱，可用来判断公司有没有充分利用税收政策
	收到的其他与经营活动有关的现金	除了上述方式外其他途径得到的钱，如租金、罚款、保证金返还等
现金流出	购买商品、接受劳务支付的现金	为了正常生产和运营，买来的原材料、商品，以及付出去的服务费，这个数字增长，代表公司的运营成本在增加
	支付给职工以及为职工支付的现金	给员工的工资、奖金、福利等各种支出，与人力资源管理效率相关
	支付的各项税费	交的各种税费，如增值税、所得税等。税费增加，可能代表利润增加，或者税务政策有变
	支付的其他与经营活动有关的现金	与公司经营活动相关，但不属于上述类别的支出，如差旅费、办公费、财务费用等
流入－流出	经营活动产生的现金流量净额	显示公司经营的好坏，正数为好，负数表示企业盈利不行

经营现金流入就是企业提供服务或卖产品时，顾客付给企业的钱。但除了这些，企业有时还会有些额外的现金流入，比如政府给的补助或奖励，这也算进来。经营现金流入越多，证明公司的产品或服务越受欢迎，顾客越多。

当然，为了持续有流出，也要付出对应的成本，经营现金流出就是企业在运营中的所有支出。买东西、租场地、给员工发工资、交税……这一切都需要钱。如果这个数字过大，可能意味着公司的开销太大，需要想办法节约成本。

单独来看流入和流出并不科学，真正有价值的还是两者的差额，也就是经营活动产生的现金流量净额。如果公司赚的钱（流入）比花的钱（流出）多得多，经营活动产生的现金流量净额是正数，那就是赚大了，证明公司生意做得好，利润就是这么来的。但如果赚得少、花得多，经营活动产生的现金流量净额为负数，那可能得好好思考一下为什么了。

投资活动产生的现金流量

投资活动产生的现金流入和流出情况，如表 5–6 所示。

表 5–6　投资活动产生的现金流量主要项目简单解读

流向	报表项目	简单解读
现金流入	收回投资收到的现金	之前对外投资，股权投资、债权投资或其他形式，现在收回本金部分
	取得投资收益收到的现金	投资其他公司或项目赚到的分红、利润
	处置固定资产、无形资产和其他长期资产收回的现金净额	卖掉资产，如机器、土地、专利等拿回的钱
	收到的其他与投资活动有关的现金	收回的保证金之类的，或当初投资时就已宣告还没发放的股利、利息

续 表

流向	报表项目	简单解读
现金流出	投资所支付的现金	投个新项目、新公司，买股票等付的钱
	购建固定资产、无形资产和其他长期资产所支付的现金	买机器、设备、办公楼、专利等付的钱
	支付的其他与投资活动有关的现金	融资租赁付的款等不属于上述类别的投资现金流出
流入－流出	投资活动产生的现金流量净额	显示公司投资活动走向，不同阶段策略不同

投资活动产生的现金流入流出，主要在展示公司在过去的一段时间里，在投资这件大事上到底做了哪些动作，是在长远的发展上投了钱，还是选择了保稳和收缩？

投资现金流入的钱，大部分时候，是之前投资的项目、买的股票之类的，终止投资收回了本金，获得了收益，或者变卖了一些旧的机器、设备，土地、专利得来的。那“流出”是怎么回事呢？就是企业在扩大业务或者看好项目的时候，投出去的钱。比如买了别的公司的股份，或者为了提高生产买了新设备、机器等

比较一下流入和流出，能看出企业的发展策略。如果钱流入多，可能是企业正在收回之前的投资，或者正在卖掉一些不怎么需要的东西。但如果钱流出得很多，那说明企业可能正在大力投资，为未来做准备。

要注意，并不是说流出就是好的，流入就是坏的，有的人一看投资流出就觉得企业在积极扩张，一看投资流入就觉得企业缺钱了要收回投资，变卖资产。

其实，一个企业在不同的发展阶段，就会有不同的投资策略。初创企业为了扩大市场占有率，可能更倾向于往外投，所以投资流出更多。而一家已经稳定的大公司，可能会收缩非核心业务，集中资源，所以某

段时间钱投资流入就更多。不过确实企业真遇上难事儿了，也会大量卖掉资产来“求生”。

所以，具体看的时候要综合判定企业到底什么情况，这里的数据提供的只是线索和方向，不是最终的答案。

⚙ 筹资活动产生的现金流量

筹资活动产生的现金流入和流出情况，如表 5-7 所示。

表 5-7 筹资活动产生的现金流量主要项目简单解读

流向	报表项目	简单解读
现金流入	吸收投资所收到的现金	新投进公司的钱，投资人投资、发行股票之类的
	借款所收到的现金	从银行、其他金融机构或者其他公司借来的钱
	收到的其他与筹资活动有关的现金	用其他办法筹来的钱
现金流出	偿还债务所支付的现金	还借款的本金和利息
	分配股利、利润或偿付利息所支付的现金	发给股东的股利、股息等
	支付的其他与筹资活动有关的现金	还其他办法筹来的钱
流入 - 流出	筹资活动产生的现金流量净额	显示公司筹资情况，正数表示流入多，说明企业需要资金；负数表示流出多，说明企业在还债

筹资活动产生的现金的流入流出，就像一个企业的借钱“账本”。流入就是在想各种办法筹钱，拉投资拉来的钱，发行股票、债券筹来的钱，向别人借来的钱，或者其他各种筹资办法搞来的钱。流出就是在还钱，拉来的投资你得给股利、给分红，借来的钱你得还本金、付利息，

还有其他那些不同方式搞来的钱，都得付出点成本，不然谁会把钱无偿给你呢。

其实，现金流入在企业初创阶段和扩张阶段比较频繁，不过这也不代表其他时期企业就没有资金需求了，企业只要有需求，就可能有这方面的流入，说明企业正在筹款。这不是坏事，有时候，为了抓住一个机会，就需要额外的资金来支持。但如果这种筹款成了常态，尤其是在生意不佳的时候，那确实需要引起关注。

筹资现金的流出一般是企业在还债，这也是正常的活动。但如果流出的金额太大，或者在企业收入不稳的时候，却在积极还钱，这就不正常啦，可能企业财务压力比较大，还没挣到什么钱，催债的就来了。

高效的决策体系，应有财务一席之地

企业前行的每一步都离不开一个正确的决策。站在无数个十字路口，选任一方向都可能达成不同的结局。决定企业命运的是企业的决策体系，是的，不是老板一个人，而应该是一个决策体系。俗话说：“三个臭皮匠，顶个诸葛亮”，搞“一言堂”的企业决策失误的可能性太大了，对长远发展很不利。

那这个决策体系中，应该有谁呢？

既然科学的决策离不开数据的支撑，而财务部门又是企业的数据中心，为企业提供了包括但不限于三大财务报表的数据支持。所以，在企业的决策体系中，财务自然应有一席之地。这里主要强调的是财务的无可取代，其他的角色暂不讨论。

其实看过很多企业的案例就能看出 CFO 这个职位代表着什么，CFO 是一个企业的首席财务官，任正非说过：“称职的 CFO 随时可以接任 CEO。”这足见一个 CFO 在企业管理方面所能发挥的效用空间有多大，不管是国内还是国际上，CFO 出身的 CEO 并不鲜见。

如果你是老板，恰好又不是财务出身，对财务知识知之甚少，那有一个合格的财务助手的确对企业决策有不一般的价值。单纯这么说可能没什么说服力，很多人对财务的价值印象还停留在三大报表的表面上，认为这不过是国家、投资者等外部需求者对公司的要求下，才不得不做的报表，老板看看公司最近的收支就好了，更多的价值体现不出来。

这可就是把“珍珠”当“鱼目”了，如果一个公司的财务体现不出来对决策的支持价值，那只能说是财务人员能力的问题，或者说是老板对这方面数据提供并不重视，没有找人专门来做数据分析。而所有的财务数据之下，都包含着一个企业超多有价值的信息，让数据“开口说话”，是财务价值的体现手段。

远的不说，单就前面介绍的三大财务报表，表内那些项目除展示了公司的“家当”、收入、支出、利润等一眼就能看到的信息外，还有哪些隐藏的信息呢?

用一个不太贴切但有点道理的比喻来说明一下，资产负债表就像是家里的存折和欠条，显示了家里有多少钱和欠了多少钱。利润表就像是工资条，告诉我们这个月挣了多少钱，扣了多少钱。而现金流量表就像是现金流水账，详细记录我们收入了多少和支出了多少。

资产负债表和利润表的关系就是，当你这个月挣了一些钱后，你的存折里的钱也多了那么一部分，这部分就是从利润表转过来的“本年利润”。而你存折里的钱除了这个月新挣的，还有之前存的那些，加在一起就是“未分配利润”。

如果把现金流量表和利润表放在一起说，现金流量表是告诉我们这个月实实在在手里拿到了多少钱，而利润表则包括了即使还没到手，但是应该得到的钱。比如说，我卖了一台电视，钱还没收到，但在利润表上就记录成了收入。而在现金流量表上，只有当买家把钱真正付给我，我才记录。

现金流量表和资产负债表的关系，简单说，就是流水账与存折的关系。比如这个月，我存了1000块，取了500块，那么流水账上就有这两笔记录。而存折里，如果原来有2000块，那么现在就应该是2500块。这2500块就是存折里的“货币资金”，而这个月的存取差额就是流水账的“现金及现金等价物净增加额”。

这三张报表同时记录同一家公司的经营活动，相互联系，互为补充，一起给我们展现了一个公司的全貌。

所以，资产负债表、利润表、现金流量表并不是相互独立的三张报表，三张报表的数据相互之间是有钩稽关系的。因为公司活动就是那些，不会说做这个表的时候做了这些事，做另外一张表的时候针对的是其他的活动。所以，面对同样的企业经营活动，从不同角度去解读，通过这种数据对照，数据合并分析，如果相互之间存在差异，就能大概排查出企业的一些问题。

比如，当你看到一个公司的利润表上营业收入100万元，应收账款增加了80万元，经营活动产生的现金流入20万元，这说明什么?

正常来理解的话，很明显，企业东西卖出去了，但钱没收回来，赊销比例太高了。大部分客户买东西都是赊账，每个月欠账的人越来越多，这样长期下去公司大部分钱都卡在了欠账里，现金流很可能出问题。老板自己看到这种情况需要结合实际情况看看用不用改变一下赊销政策。

不过这种情况放在企业投资的另外一家公司身上，也就是放在外部投资者眼里，可能就要考虑这家公司，会不会是为了让利润表数据好看一点，故意“捏造”了一些收入。这种行为当然是不合法的，特别是当我们看到公司的经营现金流，也就是真金白银进出的情况，和它的利润情况相差太远，甚至是利润在增加，现金流入还在减少的时候，更需要警惕，可能这家公司有“猫腻”，投资的话更得千万谨慎，投资决定不可轻易下。

再比如，一个公司的现金流量显示拥有相当大的现金储备，但是转头再看利润表，却发现公司的经营业绩平平，这无疑让人产生疑问：为什么在现金充足的情况下，公司的业绩却不佳？

当然，现金多并不代表公司业务就做得好。有几个可能的原因可以解释这种情况。一个可能的原因是，这笔钱不能随便用。可能被拿去做了抵押或是作为担保，帮人获取银行或其他金融机构的信贷支持，或者这笔钱干脆被冻结了。这时候，尽管资金在报表上显示这笔钱是公司的，但由于各种合同或协议的约束，公司就不能随意使用这笔钱。

还有一个可能是，这笔钱被主要股东或与公司关联的其他公司暂时“借”去了。这种情况下，这笔钱在报表上还是公司的，但实际上暂时不能用。

再进一步结合其他表内项目考虑的话，假如你看到这家公司不仅有大把现金，还背负着大量短期的债务，理论上，公司手头有钱，应该先偿还高利率的短期负债。但显然没这么做，那可能是因为这些现金有其他的用途或计划。可能是投资于某个项目，或者为了应对某种预期的风险。

各种的可能性太多了，必须得用其他数据，并实际调查来全面充分印证才能找出最后的结果，所以看报表，只看表面的数据是远远不够的，需要深入挖掘、对比和分析，才能真正理解公司的经营状况。当数据看起来不太对劲的时候，很有可能背后隐藏着一些问题。

这不光能用来发现自家公司的问题，帮助做经营决策，还能在对外投资和展开合作的时候看出对方企业的可能存在的隐患，再决定要不要投资，要不要合作。这足可以证明财务数据对企业决策的支持作用。

当然，这种支持作用还需要有专门的财务数据分析人员，来制作更加专业详细的财务报表分析报告，才能充分发挥出来，好的数据分析师就是能从这些数据的背后挖掘出全部的信息，并提示相应的财务风险，揭示企业的经营问题，这些都是企业决策必须参考的内容。老板如果重视这一助力，还是需要把专业的事交给专业的人，在自己的决策体系中，为财务专门设立一席之地，听听财务的意见和“声音”，用数据为公司发展指路。

第六章　盈利别着急分股利，合理配置方为上策

经营一家公司，远比我们想象中复杂。其中，如何处理利润，是所有公司都必须面对的难题。盈利到手，似乎有很多选择：是立即分给股东还是再投资？别忙，这里面有门学问。

你得明白，公司的利润分配是有顺序的，不按顺序，股东拿到手的钱也得退回去。如果选择再投资，那转增资本、企业扩张都是必修课。除此之外，还有很多常见的思维误区，比如有多少人误以为，未分配利润就是那摆在桌面上、随时可以拿走的钞票？电视上演的“商战”，创始人和投资人矛盾很深吗？这都是需要思考的问题。毕竟每一个创业者，不知道什么时候就会遇到这些难题，提前准备总好过无知踩坑。

经营公司不是一锤子买卖

在经济学上有一个理论叫“博弈论”。“剪刀石头布”很多人都玩儿过，在玩这个游戏的过程中，你有没有琢磨过对方可能会出什么，“剪刀”“石头”，还是“布”？然后琢磨自己要出什么才能赢？这其实就是一个最简单的博弈过程，而在研究这个的过程中，人们会如何做选择，达成什么结果，怎么相互影响等内容的理论，就是博弈论。

那么，经营公司是一个博弈的过程吗？

是的。经营公司，就得一直和不同的人打交道，包括员工、竞争对手、供应商等等。比如，你跟员工压缩工资、福利，你得考虑：这么做会不会打击员工积极性？怎么在员工满意和公司成本控制之间找个平衡？还有，当你打算降价促销，你得想：我的竞争对手会怎么应对？他们是不是也会降价，或者出一个更有竞争力的新产品？或者你要和供应商讨价还价，你也得考虑：如果我压价太狠，他是不是会转而跟其他人合作？

这些决策，都要考虑到其他人可能的反应，然后再根据这个反应来调整自己的动作。这个过程中，就需要用到博弈论的思维和策略。

那你觉得公司经营是一次博弈，还是重复博弈？

一次博弈就是一锤子买卖，博弈这一次就没有下一次。重复博弈就是两方或多方反复地进行一系列的互动或决策，每次的选择都可能影响到下一次的互动。像打乒乓球一样，每一轮的发球和接球，都会影响到下一轮的策略和决策。

显而易见，经营公司是重复博弈，不可能你赢了竞争对手一次，对方就没有“后招”了，也不可能跟供应商合作一次，就没有下一次了。

还有你的产品也只卖一天，明天就不卖了吗？

从你投资创业开始，就应该知道这是一个长远、持续的过程，甚至是你一辈子的事业，那些只看到眼前，不考虑长远的人，他们在博弈中可能会选择一些“赢在当下”的策略，但这样的策略往往只能带来短暂的胜利，而不是持久的优势。

比如，我们常见的一个现象就是追求短期利润，牺牲产品质量，这样可能会立刻赚到钱，但很快，消费者就会流失，口碑也会受损。这就是缺了诚信，达成一次交易之后，不会有人再来消费，一传十，十传百，“上当”的人也会越来越少，也不会有人跟你合作，这就是一次博弈。而公司经营要想长久，需要的是重复博弈的过程。

真正有远见的经营者，他们在每一轮的博弈中，都会考虑到长远的利益。放弃眼前的小利，为的是未来更大的回报。这一点是很多人都懂的，很少有人会为了今天的 1 块钱放弃明天的 100 块钱。但问题就在于很多人看不到明天的 100 块钱在哪里，会不会来，或者说等不到那个真正的“明天”，等来等去，坚持不到最后。

这确实是一个很磨人的地方，也很考验人的耐心，但创业不就是如此吗？有几个人能一帆风顺，开门即大红，创业即巅峰呢？

所以，在这个蛰伏、等待的过程中，还有一个行为是一定要注意的，就是企业刚刚成长得有些起色，终于赚了第一桶金，这时候，股东们就一拥而上，要求分股利，这也是一种短视行为，来看看这个例子——

小优创业开了一家科技公司，打算做出一番事业。开始的几年，他和几个小伙伴就挤在一间狭小的办公室里，环境艰苦，但热情高涨，熬过了最艰难的头三年，公司终于有了起色，员工由最初的几个人增加到几十人。产品也逐渐被市场所接受，订单增多，开始转亏为盈。

这一年，利润终于不再是负数，弥补完以前年度的亏损，最后小赚了 20 万。年终，看着这 20 万的盈利，一起创业的小伙伴按捺不住内心的激动，有人嚷嚷着终于看到回头钱了，赶紧来分了，也有的小伙伴说："公司才刚有起色，研发什么的还需要继续投入资金呢，得留着这钱"。

意见不统一，一时间气氛有些不和谐。

那作为旁观者来看这个例子，应该怎么选择呢？

企业发展刚刚好转，有所起色，就把成长资金全部抽走去分给股东，那明年还继续研发吗，市场份额还开拓吗？市场竞争这么激烈，如果不持续投资，不研发，不开拓新的市场，很可能今天的优势明天就会不复存在。这不仅是因为其他公司在紧追不舍，还是因为消费者的需求和市场的环境都在不断变化。如果小优的公司停滞不前，自会有其他的公司迎头赶上，他们很快就会被淘汰。

更何况，稳定的现金流是企业的生命线。如果这笔钱被立刻分走，公司如果不能很快把钱挣回来，就会面临资金短缺的问题。资金链一断，后面的事情想必就不用多说了。

所以，这也是公司经营过程中的一次博弈，博的是选将来还是选现在，每一次的选择都会对公司接下来的走向产生很直观的影响，势必要慎重呀。

这就不得不提到企业经营的目标了，之前一直在说，企业经营是以盈利为目的的，这话不假，追求利润是一定的，但企业的经营目标就能定性为利润最大化吗？不见得。

对财务管理有一定入门了解的人都知道，利润最大化是一个相当"短视"的经营目标，因为它只关注了公司短期的收益，而没有考虑到长远的发展和企业的多元责任。

利润最大化就好比是一个人为了赚快钱而去干一些"短工"，看起来日子过得去，但一直没有什么个人成长，未必保得住将来的饭碗。单纯追求眼下的“蝇头小利”，就可能会忽视一些能给公司带来长期稳定发展的事情。比如技术研发、开发新市场或者培训员工等，这些是需要资金投入，但短期内可能看不到回报的投资，但这种投资从长期来看，夯实的是企业的根基。

所以，单纯盯着眼前的钱，可能会错过这些长期的投资机会。真正懂行的老板都知道，不是只看今天能赚多少，更要看明天、后天，甚至是很多年后，公司能不能稳稳地赚钱，能不能走得更远。

那既然利润最大化的目标并不靠谱，企业的经营目标应该是什么呢?

就是企业价值最大化，也叫作股东财富最大化。听名字各位老板和股东都应该觉得这个目标更靠谱。

股东财富最大化这个目标的范畴要比利润最大化更为广泛，并不仅仅局限于利润表上的那个正数。有些公司在某些方面进行持续投入，看上去好像是在烧钱，但这背后是一个深远的布局。他们可能正在为未来的某个大项目，如技术革新或市场开拓，进行前期的准备。这种长远的计划是为了在未来某个时间点，能够实现一个突破，从而带来巨大的回报。也有不少企业会选择进入资本市场，通过上市，公司可以利用市场效应，提高品牌知名度，甚至有机会因为市场预期看好而让股价飞涨，这种增值方式虽然不直接反映在公司的经营活动中，但对股东而言是非常实在的财富增长。

所以，经营公司真不是一锤子买卖，眼光要放长远，不要只看得见账上的一点利润，为了实现股东财富最大化这个目标，盈利了先别着急分，应该合理有计划地分配利润，选择一个对企业发展最好的方式。

公司利润分配是有顺序的

当一年到头，看看账面的利润，发现公司终于赚钱了，这利润应该怎么合理分配呢？这可不是老板想怎么分就能怎么分的，利润分配的顺序法律早就已经规定好了。不按顺序进行分配，就算已经分到股东手里，也得退回来，公司还可能因此被罚款。

先来看看这个大致的顺序，如图 6–1 所示。

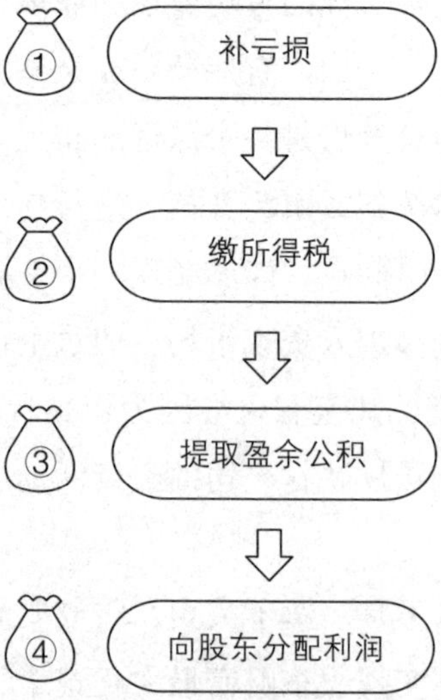

图 6–1　公司利润分配顺序

知道大致顺序，然后我们来一步一步详细说明。

补亏损

都知道创业是一个过程，很多企业都是负债经营，苦苦支撑，就等着看到“光明”的一天，连续几年账面都是亏损也是很常见的一件事。就算后续发展的好了，市场变化起起伏伏，政策也在实时变动，每年也是有亏有盈的。

所以，当企业利润总额算出来，也不是直接就拿这个钱去交税的，法律允许这钱先用来弥补之前几年亏的钱，这一点对企业的成长很有帮助。不过，这里有一个明确的界限。按照税法的规定，公司当年的利润只能弥补前五年的亏损。如果公司连续多年亏损，当盈利来临时，先要清算的就是近五年的亏损，超过五年的亏损部分就不能用税前利润来弥补了。

假设某公司创立三年，连年亏损累计 60 万元，这个公司的资产负债表上年初未分配利润应该就是“-60 万元”，本年度利润总额 100 万元，将本年的盈利（在本例中为 100 万元）与以前未分配的利润（-60 万元）合并，这就得出了一个“可供分配的利润”（40 万元）。

某些时候，如果这个“可供分配的利润”还是负数，那公司这一年就不能进行接下来的步骤了，挣的钱还没之前亏的多，怎么能算挣钱了呢？就别提利润分配的事儿了，连应纳税所得额都没有。

缴所得税

到了这一步，如果算出来的“可供分配的利润”是正数，那就得先缴税，这是每个公司应尽的义务。

这里要缴的是企业所得税，企业所得税其实就是企业在赚了钱之后，根据你赚钱的多少，按一定比例上缴国家的一部分钱，这也是企业的一种社会责任，因为企业在运营中使用了很多社会公共资源。国家用这些税收来维修和建设这些资源，提供公共服务和社会福利等。

一般企业缴企业所得税税率是 25%，比如前面算出来可供分配的利润是 40 万元，理论上就应该缴纳 40 万元的 25%，也就是 10 万元的企业所得税。

不过这只是理论上，实际上国家有很多税收方面的优惠政策，比如高新技术企业、小微企业都有相应的税率优惠。而且，现在也会根据利润的多少来分级缴税。

比如，当小微企业利润小于 100 万元，只需要减按 12.5% 计入应纳税所得额，再按 20% 的税率计算所得税，实际的税负可能只有 2.5%。听起来很复杂，算一算就知道了。还用刚才的例子，40 万元按照 12.5% 计入应纳税所得额，也就是 5 万元，再用 5 万元乘以 20% 的税率来计算所得税，结果就是 1 万元，是不是相比于 10 万元的结果真的是大大的优惠了？

这里只是一个计算示例，具体国家的税收优惠政策还要结合企业所处的行业、企业的性质、企业的盈利等各种情况综合判断，并随时关注政策变化，为企业争取最大优惠，这也是企业财务部门需要重点操心的一件事情。

有一点还要特别提醒，不管怎么计算税率，都有一个大前提，就是那个利润额一定得算对，也就是例子里的 40 万元。因为在税法上有很多调整项，不是你花了这笔钱，都能在税法上作为费用或者支出，来减少利润的。

就拿业务招待费来说，假如你这一年营业收入 500 万元，业务招待费 10 万元，算利润的时候，全部都能计入费用吗？当然不是，那企业为了少缴税不是可以多列点费用了？

计算方法是，要先对比“实际发生额的 60%”和“营业收入的 0.5%”这两个数据，哪个少按哪个做纳税调整。实际发生的业务招待费 10 万元的 60%，就是 6 万元，营业收入 500 万元的 0.5%，就是 2.5 万元，相比之下，2.5 万比 6 万元少，所以业务招待费应该按 2.5 万元来算，原本的 10 万元要调减，这样本来收入要减掉 10 万元的业务招待费来算利润，现在只能减 2.5 万元，利润就会增加 7.5 万元，税额也就会相应上涨。

除了业务招待费，工会经费、职工福利费、广告宣传费等还有很多纳税调整项目，都需要企业格外注意，一定要算对数据，正确纳税，否则可能面临严重的后果。

⚙ 提取盈余公积

别看现在已经补完亏损，缴完税了，这钱就能直接给股东分了吗?还不行，得先提取盈余公积。这本质上跟我们自己每个月都要存点应急钱一样，公司也得为将来存点儿钱，防范各种风险，以备不时之需。只不过换了个叫法，称为“盈余公积”。这种做法也是在保障公司债权人的权利，让公司保留一定的资金以便经营不善，债权人来追债，还能还上一部分。

盈余公积分两种，一种是法定盈余公积，另一种是任意盈余公积。从名字就可以看出来，法定盈余公积是国家法律规定必须提的，任意盈余公积就比较随意了，是企业股东们自己商量着提的。

先说法定盈余公积，每当公司赚了钱，就要拿出其中的 10% 存起来。这里计算的时候是用净利润来算，还沿用之前的例子的话，就是赚了 100 万元，弥补了以前年度的亏损 60 万元，剩 40 万元。再根据税收优惠缴税 1 万元，剩 39 万元，这就是净利润。现在就是用这个 39 万元的净利润来提取 10%，也就是 3.9 万元，算作公司的法定盈余公积。

如果你要问，那我年年盈利，每年都得这么提吗?不用担心，这也是有上限的，当累计的法定盈余公积额度超过公司注册资本的一半，就可以不用再提了。注意这里是累计额度，不是累计提取额度，因为在公司经营过程中你可能会用这笔钱做其他事情，比如弥补亏损，或者公司发展需要钱了，用来转增资本等等。不过，如果一直没动这笔钱，累计金额超过了注册资本的一半，就不用再提了。

再说任意盈余公积，这是公司根据自己的需要决定存的。其实就是作为法定盈余公积的一个补充，如果觉得只有 10% 留作备用太少了，那公司可以根据自己的实际情况，所有股东坐一起开个大会，大家一起决定要存多少，定个比例出来，以后每年都照做。

比如约定好任意盈余公积提 5%，那就是还用 39 万元的净利润来算，就是 1.95 万元，这样的话，提完法定盈余公积 3.9 万元，任意盈余公积 1.95 万元，净利润就剩下 33.15 万元了。

那这笔任意盈余公积存起来干什么呢？当然不是闲置着。年年累积下来这笔钱会越来越多，如果公司哪天不小心亏损了，这笔钱可以帮忙填补；如果公司想发展得更大、更好，比如开新的分公司、买个新设备、研发个新产品等等，这笔钱都可以拿出来用，或者直接转增资本。这就是给公司存了一笔发展资金，是为公司长远发展考虑的一项明智决定，也间接防范公司一盈利股东就把钱分了。

不过，你要是问这笔钱一直用不上的话，将来能不能用来分配给股东，答案是可以，如果确实是需要这么做，那开个股东大会，大会通过后，也能拿来分配。

向股东分配利润

当前面三步都完成之后，终于来到了激动人心的环节——向股东们分配利润。虽然公司可能盈利了不少，但走过前面几步之后，就剩不多。之前的例子里提取完盈余公积，就剩下 33.15 万元了。这才是能真正向股东分配的利润，而不是一开始 100 万元。

公司可以把这部分盈利直接以现金的形式分给股东，这样股东就能根据自己所持的股份拿到相应的现金。不过这不是唯一的形式，公司也可选择转增资本，以及其他很多形式，不管选哪种形式，股东们要记得按要求缴纳个人所得税。

其实到底分不分，分多少，还是得看公司章程怎么约定的，法律没有规定公司一盈利就必须向股东分配利润。所以，有的公司刚盈利，如果觉得根基还不稳，钱留着帮助公司继续发展壮大，暂时不发放股利也是没问题的，不过，如果连续很多年不发也不合适，具体怎么操作，要看公司的实际情况和股东们的共同决策，都是为了确保公司能够稳健发展，并让股东的权益得到保障。

转增资本是怎么回事

公司利润的分配过程中提过，盈余公积、向股东分配的利润，都可以用来转增资本，其实，连剩余的未分配利润也算上，这都是企业的留存收益，这种行为可以统称为留存收益转增资本。

在资产负债表中的所有者权益这块内容就能清楚地展示这几项内容的关系，如图 6-2 所示。

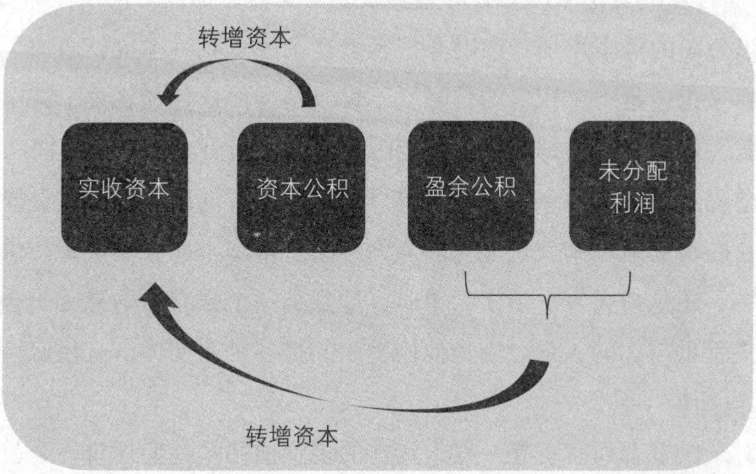

图 6-2　所有者权益的四项主要内容

所有者权益就是公司的净资产，也就是总值，可以分为四部分：实收资本、资本公积、盈余公积和未分配利润。“转增资本”就是企业可以把资本公积调到实收资本中，或者把留存收益（盈余公积加未分配利润）进行调整来增加实收资本。

转增资本的过程实际上是所有者权益内部项目之间的资金调动，就是表里的项目都转到实收资本那一块里，但是大家总体的额度是不变的。这样操作，可以让公司的财务结构更加合理，对外显示出更强的实力。

对于大多数人来说，这听起来可能只是一个简单的财务操作，但在商业领域，这事关企业的“前程”。简而言之，转增资本是企业在长远的战略布局中，为了应对各种市场挑战和经营需求而做出的一项策略选择。

那么，企业为什么要转增资本呢?

这其实是一种强化公司实力的手段。俗话说：“有多少钱，办多大事”，直白地说，如果你的注册资本只有 50 万，那凭什么去谈上百万的生意呢，谁会相信你呢？或者说在一个项目里，你跟一个注册资金 5000 万的公司去竞争，怎么可能会赢呢？其实你都没资格站在那里。

当公司的资本增加，在财务报表上显示的实收资本也就增加了，这对外界来说，是一个积极的信号。不仅仅是合作伙伴和客户，甚至是银行贷款，供应商的信誉期，都可能因为你的注册资本而有所不同。

增资不仅仅是数字游戏，不要只看到资本数的增加，实质上提升的是企业的市场地位和议价能力。当你的企业资本丰厚，无论是在供应链谈判中，还是与大客户洽谈大单时，这都是一个强有力的筹码。合作伙伴会更看重与你的关系，因为他们看到的是一个有实力、有稳定性的长期合作伙伴。

对于投资者而言也是一样，资本的多少往往是他们评价一个公司健康度的关键指标之一。一个有足够资本的公司，通常被视为有能力承受经济风波和市场波动的企业。

所以，当企业发展到一定阶段，它就需要增加资本才能继续扩张。当公司的资本增加，意味着它有更多的自有资金来支持日常运营和应对市场的风险。这样，即使在市场不景气或者出现不确定因素的时候，公司也有足够的底气，不需要为了短期的资金问题而做出不利于长期发展的决策。

对于企业来说，自己赚来的钱，能够转为资本，无疑是最低成本的“融资”方式。在企业发展过程中，每当想要扩展业务或者是遇到资金短缺的时候，很自然地，就会想到向银行贷款或发债。但这些传统的融资方式其实都带有一些隐性成本。利息是肯定要的，不给利息，谁会借钱给你呢？而这些利息，在长远来看，日积月累，可不是个小数目，这就导致了企业的真实融资成本其实远比想象中要高。更重要的是，一旦借款或发债，企业就背上了一层债务的压力，需要按时偿还本金和利息，时时刻刻紧着一根线，还不上还可能有法律风险。

相比之下，留存收益转增资本可就没这么多压力了，其实就是公司用自己赚来的钱增加自己的资本。这样做的直接好处是，公司不需要为此支付任何额外费用。换句话说，这笔“融资”实际上没什么成本。而且还避免了外部债务带来的种种压力和束缚，既不用每天看着利息账单心疼，也不用因为偿还债务而犯愁，有点“自给自足”的感觉，企业不需要担心未来偿还本金和利息的问题，有更大的自主权和决策自由度，毕竟自己的钱自己做主，可以更专心地着眼于长期发展。

所以，在创业初期，股东实力有限，注册资本不高的话，完全可以在企业发展起来之后，用留存收益去转增资本，这是不需要继续增加投入的一种方式，也能为企业赢得更多的发展资金。

对于股东来说，转增资本也是一种保值增值的方式。虽然股东短期内可能拿不到现金红利，但他们手里的股份因为公司资本的增加而变得更有价值。这种方式实际上是将眼光放到了更长远的未来，为股东创造了更大的潜在回报。

不过，增加资本并不意味着企业应该把所有的利润都留在公司里。长期的利润积累可以为公司创造更大的发展空间，但若股东因此长时间没有得到合理的回报，可能会对企业的长期稳健发展产生负面影响。企业需要保持与股东的关系，确保他们得到合理的回报。所以，企业的管理层需要认识到这一点，并确保在资本积累和利润分配之间找到一个平衡点，这是对企业、股东双方都负责任的做法。

但这里要提醒的是，留存收益转增资本并不等于公司真的有了更多的现金，它更多是一个账务上的操作。真正的资金增长还需要公司通过有效的经营活动来实现。企业不能仅仅满足于账面的数据，而要深入挖掘、提高经营效率，真正为股东创造价值。

回头再看，资本积累对于企业的长久经营是至关重要的。它不仅为企业提供了经济的缓冲，还支持企业的扩张和持续发展。在这个充满变数的市场中，拥有雄厚的资本是企业能够在风雨中稳健前行的保障。

未分配利润都是实打实的钱吗

在一个公司的资产负债表中，属于所有者权益的部分有一项，叫“未分配利润”，前面说过，这是企业留存收益的一部分。不少人对未分配利润的认知是比较简化的，但其实这个项目还挺复杂。

未分配利润是公司按顺序进行利润分配后，没分完，留在账面上的那部分利润，一年一年攒下来，也是一个不小的数字。听起来好像就是公司赚了不少钱，还没分给股东。

有些人可能会以为：“公司有了大笔的未分配利润，那不是可以随时分钱给我们股东了吗？”

这可就把未分配利润想得太简单了。有这么多未分配利润，可不代表公司真的就有这么多实打实的钱。我们时常会看到一些公司资产负债表上的“未分配利润”数额已经很大了，但是多年也不见分配股利，其实就是因为，公司根本拿不出来这么多钱。这是怎么回事呢？

首先要澄清一个常见的思维误区——许多人误认为，只要企业盈利了，就是有钱了，但其实利润不等于现金流，如图 6–3 所示。

图 6–3　利润不等于现金流

利润，简单来说，指公司在一段时间内的收入与成本之差，体现的是公司的经营业绩和盈亏状况。但这并不代表公司实际收到或支出的现金量。因为公司财务记账一般都采用权责发生制，收入和支出是基于交易发生的时间进行记录的，而不是基于现金的实际收付时间。

举个简单的例子，假如公司卖出了一批商品，跟客户约定三个月内付款。在发货当天，公司就会在账上确认这笔收入，因为根据权责发生制，交易已经完成。在这种情况下，公司又已经在财务报表上记录这笔收入，形成了利润，但因为客户有三个月的付款期限，实际上公司的银行账户里并没收到对应的款项。

说白了，就是货卖的不少，但客户都是赊账买的，而公司并没有收到那么多钱，甚至对方信用有了问题，这笔钱就成了坏账，可能永远都收不回来。但交易达成了，财务就得按规矩先记上收入，于是就有了利润。这么一来，公司看起来盈利了不少，但手头还是很紧张，没有足够的现金。

所以，澄清这个误区就能理解为什么未分配利润那么大，企业没钱了，因为陈年旧账积累下来的欠款也很多。但只有这一点还不能解释全，总不能你这个企业都是坏账吧。除了这个原因，公司也有真正赚到的钱，那这些钱去哪儿了？

企业生存与发展的目的，是为了创造更大的价值。所以，公司赚到的钱不可能就在那儿闲着，为了未来的增长和稳固其市场地位，大部分资金都会被重新投入业务中，这是企业资金循环的关键步骤。钱如果放在那里不用，不但没有收益，还会被通货膨胀“蚕食”。

比如，为了跟上市场的脚步，保持自己的领先地位，公司经常要更新技术，换代设备。特别是现在这个互联网科技发展迅猛的时代，故步自封，公司很快就会被竞争对手超越。这正是大部分利润被投资的地方。除了内部的技术和产品更新，企业为了扩大生产和市场份额，也会考虑建设新的生产基地或厂房。这样的大型投资项目，虽然一开始要花不少钱，但长远看，都是为了让公司的未来更美好。

所以，看到公司账上有很多的“未分配利润”，并不是说真的有那么多实打实的钱放在那儿，很可能早就用来“干大事”了。就像我们每个月存下的工资，虽然累积起来觉得应该存了很多了，但实际上可能已经买房、买车，投资孩子教育等各种事情里了，实际上银行账户里并没有多少钱。

不过，还有一些公司，因为关联交易或其他原因，导致资金被“锁定”在某些项目上。这种情况下，未分配利润也会显得数字很大，但如果这部分投资长期得不到回报，对于公司的现金流和整体财务健康状况来说，都是不小的压力。

总之，多种因素的作用下，未分配利润这一项目看起来并不如它的字面意思一样可以用来给股东分配。

如果非要想知道有多少可用的利润钱，那或许得在未分配利润数据中，减去应收账款、应收票据、其他应收款、因交易性金融资产和投资性房地产带来的公允价值变动等内容，剩下的才算是企业真正可以动用的利润金。这部分资金，才能用来发放股利。

试想，如果在扣除这些项目后，结果是一个微不足道的数字，甚至是负数，那么企业又怎么可能从中拿出现金来分给股东呢？

正因为如此，我们不难看到有些知名的上市公司，尽管它们报表上的未分配利润如天文数字，却年复一年地不给股东分红。外界可能笑称它们为“铁公鸡”，但其背后可能是这家公司真的没有足够的流动资金来支付分红。若真的被迫进行分红，这样的公司可能只能动用原本的股东资本，或者更糟糕的是，转头从银行贷款来应急。

不过，这里要提醒各位创业者和企业老板，不管公司的未分配利润是不是实打实的钱，在税务眼里，都是真实存在的。如果企业觉得账面的未分配利润数额太大了，想要调整一下，用这部分钱来转增资本，那一定记得个人股东要交个人所得税，视同先分红再投资的操作。如果没按规定交税，罚款那是少不了的。

而且，如果公司经营不善要倒闭了，想直接注销，但账面未分配利润还很大，那在税务上，注销之前的未分配利润会被当作已经发放的，个人股东要为此交 20% 的个人所得税，法人股东不用交。

最后说明一句，如果要投资其他公司，判断目标公司是否有分红的能力，不能只看它的未分配利润，还得看它的自由现金流，也就是它实际能拿出来用的钱。只有当公司有足够的自由现金流时，才能真正地给股东分红。

有些公司，表面上看未分配利润很多，但其经营活动现金流却是负数，这就说明公司的实际并不如表面上看起来那么宽裕。这种情况下，就别指望能拿到多少分红了。

创始人与投资人的利益平衡

创始人，是把公司从零开始打造起来的人。他们对公司的未来、文化和价值观有很深的情感和期待。而投资人往往是基于经济逻辑来考虑问题的。他们看重的是投资回报，一切目的只为了利益最大化。

但是，资金的问题往往会牵涉公司的控制权，这也是很多创始人和投资人产生分歧的地方。

创始人当然希望企业按照自己的想法走下去，但是因为资金力量的不足，不得不引进投资人，当有外部力量试图插手公司的决策，或者对公司的未来方向提出不同的看法时，创始人很容易产生抵触心理。而投资人为了利益最大化，尽快收回投资本金，又希望创始人能够按自己的想法展开经营，为自己创造更大的利益。

比如说，创始人可能觉得应该多投点钱研发一个新产品，认为这对公司的未来有好处。但投资人可能会觉得这太冒险，希望公司先稳住，确保当前的业务赚钱。这时候，双方可能就开始抢夺企业控制权了。再比如，到了某个节点，创始人可能不愿意卖公司，觉得还能经营得更大更好。但投资人可能觉得这已经是个不错的卖点，能拿到满意的回报了。

但这种控制权的争夺往往会给公司带来一系列的问题。内部可能会出现分裂，员工的士气和信心可能受到影响。外部的市场和合作伙伴，也可能因为对公司未来的担忧而选择观望或者转投他处。

所以，创始人和投资人需要的是利益平衡。创始人看重的是企业长远价值，更在意企业的控制权，而投资人就是想要收益，就算争夺控制权也更多是为了获得收益。既然双方在意的焦点不同，那最好能通过某种方式达成共赢。

接下来，我们要思考一下，怎么既能让投资人赚到钱，又让创始人能始终掌握控制权。

这其实涉及一个股权设计问题，最好的解决办法是分股不分权。比如，在投资的时候就可以约定好，投资人仅分到 30% 的股权，可以享有 70% 的分红权，而创始人占据 70% 的股权，绝对控制企业，但在分红上要让步，只享有 30% 的分红权。还有我们之前提到的清算优先权，如果公司经营不善，面临破产，投资人比创始人优先清偿，这可以一定程度上保全投资人的收益，降低投资风险，还能让创始人把企业控制权牢牢握在手中。

还有另外一种方式，就是签订对赌协议。所谓对赌，赌的就是企业的业绩，用达成某一业绩目标作为条件，创始人和投资人各自手里的股权作为筹码。达成了，创始人可获得某种权利；达不成，投资人可获得某种权利。

小元想创业开一家快餐店，但缺少启动资金。有投资人看好他的做饭技能和创业计划，所以决定出资帮他租店面、购买设备和原材料。估算下来，第一年需要40万元来支持这家快餐店的运营，投资人出了这笔钱，并享受这家店80%的股权，小元以技术入股，享受20%的股权。

投资人向小元提议签订一个对赌协议：如果第一年的营业额能达到120万元，投资人可在原有利润分配上，多得10万元利润，小元则可以以初始投资价格购买创始人手中20%的股权。但如果未达到这个营业目标，小元要给投资人10%的股权。并约定40万元的投资均须用于店铺的运营和管理。投资人有权查看相关的账簿和发票来确保资金被合理使用。小元同意按月提供营业额和利润的报告给投资人，确保透明度。

这样的协议反映了对赌的本质：双方都基于未来的一个不确定事件（快餐店的年销售额）达成了一项约定，并为可能的结果设置了相应的奖励和惩罚措施。

其实从对赌协议来说，创始人和投资人在一定条件下是可以双赢的。双方达成的对赌目标应当既有挑战性，也有一定可行性。这样的目标会给创始人带来足够的动力去追求，而不是令其感到无法承受的压力。

同时，单纯地要求创始人做出承诺是远远不够的，投资人也应当为公司的成功做出努力，例如注入更多的资金或者以合理的价格再次转让部分股权给创始人。只有这样，双方才能真正形成合作共赢的局面。

不过，对赌协议同样也带有它的风险。一旦创始人在追求高估值融资时过于乐观，而实际业务表现未能如预期，那么这不仅会损害公司的声誉，还可能使创始人背负巨大的经济压力。更为严重的是，部分严格的对赌协议可能会导致创始人在业绩未达标时失去对公司的控制权，这无疑是对每一位热心于自己事业的创始人的巨大打击。

此外，外部的不可控因素，如市场的突然变化、新的政策法规等，都可能对公司的业务造成不利影响。这样的因素在签署对赌协议时很难预见，但它们却有可能是导致业绩未达标的关键因素。所以，当创始人和投资人在签订对赌协议前，都必须认真地进行风险评估，确保自己所承担的风险是可以接受的，并时刻准备好应对未知的挑战。

当然，这种对赌性质不那么强烈的股权设计也有其他表现形式，在投资的时候，为了激励创始人，为投资人赚得更多的收益，双方可以约定：在投资人回收投资本金之后，以他们的原始出资金额作为基准，将部分的股权重新转回给创始人。或者当投资人从公司中获得的累计利润达到其初始投资金额的多少倍时，投资人将再次将部分股权转回给创始人。

这样，创始人能逐步提高其在公司中的持股比例，干起活来也更有动力，而投资人也从中获得了丰厚的回报。

以上内容大致是从创始人角度来说的，当企业做大做强之后，资本积累到一定程度，开始对外投资，此时就换了一种身份，成为投资人。投资人在决定投资某家公司时，通常都希望自己的资金能够得到合理的使用与回报，同时尽量降低风险。作为投资人当然更有话语权，但也要注意必须跟对方创始人约定好一些事项，其中包括但不限于专款专用、优先分红、优先清算、一票否决等权利。

专款专用是为了限制资金的用途。投资人拿出来的钱是为了支持公司的运营和发展，不是让创始人随便花。投资可以用于扩展团队、广告宣传、厂房建设等与公司直接相关的领域，但绝不能用于私人开销，比如买车、买房。这样做是为了确保资金的有效使用。

投资人一要追收益，二要保本金，这就必须重视优先分红和优先清算这两项权利。追收益的一个常见的做法是，前期的利润按照高于股权比例来分红，这样可以尽快回收资金，降低风险。如果不幸公司倒闭，那么在公司资产清算时，投资人应当优先获得清偿。实际上，投资人只是提供资金，并未参与公司的日常经营，所以风险应当由主导公司运营的创始团队承担。

还有一票否决权，这是为了在公司面临重要决策时，如合并、增减资本、开设新的分店等，投资人应有决定权，防止创始人因短视或冒进导致巨大损失。

除上述之外，其他的权利也要适当争取，不过法律规定的其他基本权利该行使就行使，一切都是为了确保自身利益最大化。

盲目扩张容易“夭折”

说白了，企业经营就三件事：人、钱、物。这三样就是企业运营的“四梁八柱”，不管你是大型跨国公司，还是中小微企业，都在围绕着这三个要素做文章。

管人，怎么把合适的人放到合适的位置上？管钱，如何确保资金的流动性，还兼顾资金回报？管物，怎么合理地利用物资和设备，确保生产或服务的高效性？这都是经营的思考过程，也是人、钱、物的调配过程。

对企业来讲，活下来是第一要务，特别是在竞争激烈的市场环境中，很多企业为了保住一席之地，不得不时时刻刻盯着市场，一有风吹草动，就得秒速响应，抓紧决策，否则真的可能被淘汰。但说实话，仅仅活着是不够的。就像人一样，除了要吃饱穿暖，心里总想着怎么活得更好，怎么有所追求，有所进步。企业也一样，不能仅仅为了生存而存在，还要追求企业的成长和未来。

确实，盈利是企业存在的基本动力，但赚到钱之后，企业未来怎么走，就得好好想想，毕竟不是一锤子买卖，不是赚了钱，分钱，分完钱就散伙了。企业还是要长久经营的，想长久就得想得深、看得远，为自己设定更远大的目标。就像我们个人在达到一定的生活水平后，也会追求更高的人生境界，更丰富的经历体验。

当企业盈利了，有了那份难得的“财”，自然而然地，管理层和股东们会思考：怎样调配这些资源，有了利润也不一定就着急给股东分钱，让企业走得更远，飞得更高才是重要议题。这时候，扩张就成了一种选择。

很多时候，我们看一个企业是不是成功，规模总是一个直观的标准。大公司就好像已经成了行业的老大哥，小公司还在为生存打拼。但真的把这事儿掰开看，会发现其中的复杂性远超过表面的光鲜亮丽，规模大不等于稳赢。

就如看到一家公司大手笔投资，快马加鞭地拓展业务，我们很容易被这种劲头所吸引，认为这是一个上升的好企业。

但真的是这样吗？投资和扩张背后的真正逻辑和目的是什么？是市场的真实需求，还是高层的一个“豪赌”？是基于数据和研究的决策，还是单纯地追求规模的增长？这些问题都得深挖才知道，甚至可能只是企业吸引投资的一种信号。

“投资”二字，听起来总是充满希望和机会，但实际上，它带有双重性质。正如有句话说得好：“不是所有的投资都是好投资”。而所谓的“好”，绝不仅仅是一种外部表现，更重要的是它背后的目的和效果。

盲目扩张，尤其是没有明确目标和方向的扩张，那很容易出问题。最直接的就是管理难度会大大增加。当一个公司从单一或几个业务线扩展到多个业务线，管理的难度可是一下子就提高了。人、钱、物的调配更加复杂，不同的业务需要不同的管理策略和团队。如果没有提前做好这方面的准备，很容易乱成“一锅粥”。

而且，成本的增加也是不可避免的。新开的门店、新的生产线或者新项目，初期都得投入大量资金。但这些钱并不一定能马上得到回报。如果公司在这时候没掌握好资金流，很容易就面临资金链断裂的风险。更别说，一味追求扩张，原本稳定的主业可能就被忽视了。人、钱、物资源都用来支持新业务，主业就得不到应有的关注。一旦主业受损，那公司的根基也可能动摇，轻则损失客户和市场份额，重则整个企业都可能崩盘。

所以，对于企业扩张，不能只看它的外在表现，更要看它背后的逻辑和最终效果。盲目扩张，不仅可能导致管理混乱，还可能让公司面临生存危机，初创企业可能就直接“夭折”了。

既然风险这么大，为什么还有那么多公司选择扩张？

别忘了，风险与收益并存。在正确的时机和条件下，扩张确实可以带来巨大的机会和回报。但关键在于，企业必须明确自己的目标，做好充分的市场研究和准备，确保每一步扩张都是基于真实的需求和机会，而不是盲目的追求。

那么问题来了，公司扩张了，怎么看它扩的质量怎么样呢？当然还是要用数据说话。不光是财务数据，还要从市场、管理等多个角度进行分析非结构化数据分析。

看市场，公司扩张后，市场份额和品牌知名度提升了没？市场份额和品牌知名度是直观的反应。如果一家公司在扩张后，能够在市场上取得更大的份额，品牌也得到了更多消费者的认可，这无疑是扩张所带来的正面效果。

不过，市场的反应需要一个过程，短时间内看不出头绪，怎么办？那就从客户的反馈来看。你的产品、服务受不受欢迎，客户满意度、忠诚度就是最直观的反馈。如果客户都对你的产品竖起大拇指，那就证明你这次扩张，走的方向是对的。

然而，外部的市场反应只是冰山一角。要真正了解扩张的效果，还得翻开公司内部的账本。一个公司的核心收入和利润，是不是也随着扩张而增加了？如果答案是“没”，那问题就大了。一家公司不可能总在扩张，但钱包没涨，那可能是因为扩张过程中出现了问题。

财务状况是判断企业健康的“体温计”。那些数字、图表，都在告诉你，这家公司健康不健康，未来还能走多远。对于急速扩张的企业来说，其财务指标，如利润率、毛利率和净利率，能否保持稳定，甚至持续提高，是衡量其扩张效果的关键。同时，是否有足够的现金流来支持其运营和投资也至关重要。

当然，如果一个企业现金流量表中，购建固定资产、无形资产和其他长期资产所支付的现金，以及支付的其他与投资活动有关的现金长期很少，这往往意味着公司扩张的速度放缓或已经停滞。这样的公司，长期来看，很可能失去了原有的成长性和市场竞争力。

总之，扩张是一个企业成长的过程，企业未来的快速成长很大程度上取决于今天的投资。所以，当企业盈利了，留一部分资金继续投入是最佳的选择。这可以用来拓展市场，引进新技术，提升员工福利，培养团队文化，进一步完善企业的产品和服务，甚至涉足其他产业，进行多元化经营。这样，企业不仅仅是“活”下来，而是在稳步地走向繁荣和辉煌。

整个过程中，还需要着重做好内部管理，确保人、钱、物的相互配合。特别提一下员工，他们是公司的根基。扩张时，人员素质必须跟上，只有钱，没人干，再多钱也会被浪费。

第七章
财税合规，企业才能走得更远

企业想要稳健而长久地经营，核心法则就是做到财税合规。否则，财税风险就找上门了。财税合规的第一步，首先要做到账目清晰，要是账都不清楚，财务数据就会出错，税也可能交错，企业用财务数据做决策就成了一个笑话，还会成为税务机关的重点关注对象。迈出了第一步，还有第二步、第三步，“四流一致”、发票合规、按期申报税费、合理筹划税务，都是企业财务合规路上应该做到的事儿。随着金税四期的到来，倘若还有企业心存侥幸，企图蒙混过关，那注定要面对严格的审查和巨额的罚款。

创业不光是为了实现个人价值，企业的“眼中”也不应只有利润，“君子有所为有所不为”，在追求利润的道路上，企业也该清楚其应该承担的社会责任，合法合规，理所应当。

先做到账目清晰，才能做好财务管理

其实一说起财务管理，很多时候我们直接就谈到预算管理、投资管理、融资管理，这些很“高大上”的内容了，但是不管多么高端的管理，决策的时候都离不开数据这个大前提。

那财务管理决策的数据，主要出自哪里？

不用深想就该知道，必然是企业的账目。我们前面说过的所有财务报表都依靠会计记下的一笔笔账目，分门别类，汇总计算，才有了各项财务数据，指标再计算，才有了数据分析。

所以，如果做不到账目清晰，何谈财务管理？

一个清晰的账目必须做到记录完整、分类明确、更新及时、容易理解。

记录完整，就是要每一笔收入、支出、应收、应付，无论金额大小，都必须如实记录。哪怕企业付了一笔钱，过几天这笔钱又原路径退回了，也要记下来这个支付和退回的过程，不能当作什么事都没发生一样。因为记录只是记录，不需要财务人员来判断值不值当记，大事小事全记下来就完了。

分类明确，指的是记账逻辑要明确、统一，不同的收支项目要有明确的分类，便于查找和分析。比如，员工工资、办公用品、市场推广费等，都应该有单独的细分科目，如“管理费用－工资”“管理费用－办公费”“销售费用－市场推广费”，而不是只设一个管理费用、销售费用就算了。不仅如此，每项费用归属于哪个部门都应该在记账软件中录入，这样在预算管控的时候，才能控制好每个部门的费用。如果企业想统计某一口径数据，也能一键导出，不用再去手工计算。

更新及时，是要当日事，当日记，及时更新。按照资金的流入流出顺序，逐条记录下来企业的账目，企业运营中，财务状况时刻都在变化。及时更新就能随时进行数据统计，比如月中要统计销售流水，即可一键导出，而不必非要等月底集中去处理，才能知道这个月的情况怎么样。

容易理解，这主要是给其他人员看的，尤其是决策层，应能轻松获取并理解账目内容。必要的时候，外部的合作伙伴或审核机构也能够轻松查阅并验证。不能公司的账只有会计一人看得懂，其他人想查账，都需要他来解释，这就很麻烦了。

不过，企业的账目可能会因为记账人员的变更，记账前后口径的不一致，或记账人员的不专业等原因导致账目混乱。

账目混乱是一家企业的“硬伤”。表面上可能不那么明显，一旦风险暴露，可能会给企业带来难以挽回的损害。

就拿最重要的资金来说，清晰的账目为企业揭示资金的真实路径，展现出经营的细节。账目混乱，资金就不透明。企业可能不清楚资金在哪里花得多、在哪里赚得多。无形中可能会加大对亏损业务的投资，而忽略了潜在的利润增长点。最坏的结果就是资金短缺，现金流断裂，企业经营出现严重困难。

账目清晰也是税务合规的关键，有一句话说得好，“小心驶得万年船”。税务无小事，报税报错了，那就是违法的事儿，这不是你一句“账不小心记错了”就能抹平的失误。

企业报税本来就得参考账上的收入、支出，依赖于每一笔流水和业务来计算应纳税额。所以，在众多的税收规定和条款面前，每一笔账都得算得清清楚楚。如果公司账目混乱，多记、漏记，就可能税务申报出错，导致企业多交税或少交税。或者在税务稽查的时候，由于无法提供完整的账目记录，导致被罚款或受到更为严格的审查。更糟糕的是，如果税务问题严重，企业会被列入“税务异常”黑名单，甚至归为刑事犯罪。走到这一步，企业的名声也别想要了。

同样，对于企业的供应商和投资者来说，账目的清晰度也非常关键。供应商希望知道企业是否具有支付能力，投资者则关心企业的财务健康。账目清晰，一些信息就可以迅速、准确地传递给各方，这就是一种信号，能帮企业赢得信任。

可账目混乱呢？企业啥时候能付款不知道，企业投资收益多少算不清，那供应商估计就得担心你的支付能力，开口要求提前付款或增加利息；投资者也会犹豫是否投资，已经投资的股东甚至可能因为分红不均“结下梁子”。这样，企业可就失去获取资金和资源的大好机会了。

别以为这就结束了，最重要的管理决策还没说。正所谓“知己知彼，百战不殆”，企业首先要了解自己。如果连自己的情况都摸不清楚，又怎么去应对外部的各种挑战和机遇？

账目搞得清清楚楚，提供的财务数据才靠谱，基于此，决策才能不跑偏。这对于企业的日常运营来说是多么关键。相反，账目混乱，决策白定，科学不科学的只能凭运气了。就像开服装店的搞不清楚哪种衣服销量好，哪种衣服利润高，怎么决定进什么货、推出什么优惠活动呢？凭感觉吗？那结果很可能是库存积压，资金周转不灵，这无疑增加了企业运营的风险。

面对这么复杂的风险，企业想走得更远，还需要定期进行账目梳理，借此揪出一些潜藏的财务问题。

企业账目梳理可按六步走：

⚙ 第一步：详细核对银行流水和各种原始凭证

每一笔流水和凭证都要真实、完整地记录下来。核对银行流水不光是看数字是否一致，更要看背后的资金流动情况。每一笔资金的流入流出，都可能涉及一个合同、一个项目。这就要求财务人员必须研究每一笔资金的背后逻辑，确保没有漏洞。

第二步：资产盘点

现金、库存、固定资产等所有资产都要盘点。但盘点不是只看数量，更要看质量。例如，仓库的存货中，有多少是近期可以销售的？有多少已经陈旧？固定资产的盘点，不仅要看设备数量，更要看设备的使用率、维护情况等。最后数据都要跟账面对上，对不上就要及时处理，不能拖着。

第三步：分类处理

就像家居收纳要把不同的物品归纳整齐，方便查找。对于企业的账目，也要严格分类，比如分为客户类、供应商类和其他类，有针对性地审查资金流入和流出。如果发现某个客户的应收账款时限持续延长，就要重新评估与此客户的信用关系。

第四步：审查纳税情况

每一笔税费都要看申报的准不准确，如果前面几步出现了账目调整，那这一步也就得相应重新计算，看看多交了还是少交了，多交了就后续调整，少交了就及时补上，不要等税务稽查出问题再想办法去弥补。企业需要确保每一项税费都是准确、合理的，也要充分利用国家的税收政策，来节省成本。

第五步：落实成制度

没有明确规定，就容易出现按个人习惯来办事的情况，一旦记账人员变了，账目就很容易出现混乱。为了避免这种情况，企业最好把记账的要求落实到制度上，形成一种企业文化。让所有人都知道该怎么做，不能怎么做，有效防止失误。

第六步：人员配置与培训

专业的事还是要交给专业的人，但不一定每一个财务人员都是专业的。就算当时是专业的，随着企业业务的扩张，可能有些财务人员的专业能力就跟不上了，人员配置方面就得调整，人员水平也得想办法提高，内部培训是个不错的选择。总之最终目的就是保障企业账目清晰。

企业的“四流一致”是什么

企业的账目清不清楚，内部看来就是真实完整那些要求，但从税务角度来看，查账查什么？这就要说到“四流一致”了。

“四流一致”是哪“四流”？就是合同流、货物流、资金流、发票流，相互之间要一一对应，形成一个完整的“证据链”，证明企业这笔业务是真实存在的。说白了，就是怕你虚报或者隐瞒业务，企图逃税漏税。

那这“四流”是怎么一致的呢？

就是一笔业务发生时，签的合同、送的货、开的票、转的钱要全部跟这笔业务对应上，且相互之间都能印证。

举个例子来说吧——

甲公司生产各类电器，乙公司打算购买一批空调，与甲公司谈成合作，签订合同，合同明文规定了交易的双方、交易的内容、价格、数量、交货日期等关键信息，这就是合同流。

随后，甲公司按时发货，乙公司验收入库，交易的空调真实地从甲公司转移到了乙公司手中，这就是货物流。

在交货的同时，乙公司按照合同约定的金额和时间，支付货款给甲公司，钱从乙公司流向甲公司，这就是资金流。

甲公司卖了货，确认收入，开出发票，作为买方支付货款的凭证，这是一种商业惯例，也是税务合规的需要，因为发票是计算应纳税额的重要依据，最后发票送达乙公司手中，这就是发票流。

在这个例子中，“四流一致”是说签合同、发货、收款、开票这四个环节里，交易的主体、内容、金额等关键信息必须是完全一致的，不能有出入。

比如，签合同的必须得是甲公司和乙公司，发货必须是从甲公司发给乙公司，付钱是乙公司付给甲公司，开票也得是甲公司开给乙公司，来来回回就这俩公司，办的事也都是买空调这件事，运送的货物必须跟合同上写的一样，比如说是 50 台空调，就不能是 49 台，也不能是 50 台电视；还有发票上也必须写卖空调，按卖空调的税率开，不能是按别的。总之，所有这些企业行为都说明，这俩公司就是在买这批空调，而不能出现不一致的地方，如图 7–1 所示。

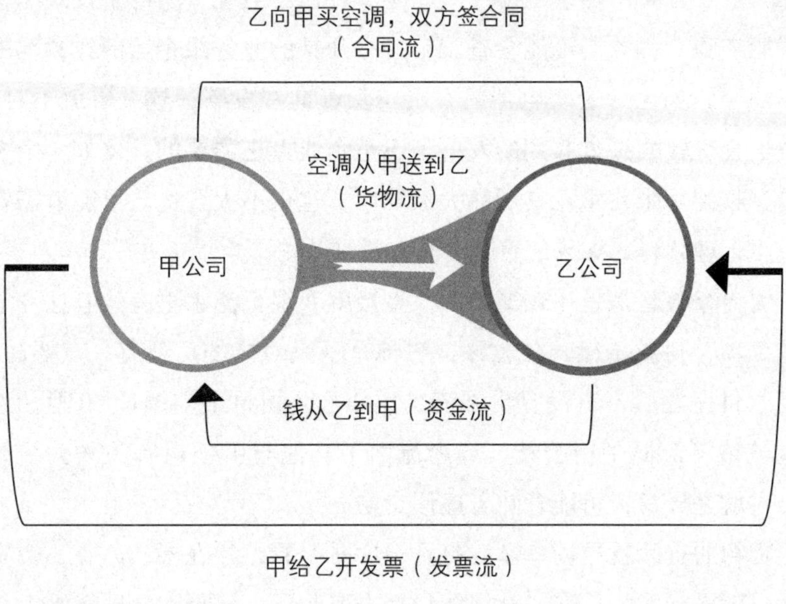

图 7–1　乙公司向甲公司买空调“四流一致”示意图

这种一致性非常关键，因为任何的不匹配都可能意味着虚假交易或其他税务风险。例如，如果甲公司给乙公司开了发票，但乙公司并没有从甲公司处收到相应的货物，这就可能是一次虚开发票的行为，会被税务机关严格查处。

税务局查企业是否“四流一致”可以说是相当严谨的过程。这具体怎么查呢?

每笔交易的起点往往都是合同，所以先看合同。重点查验双方签订的合同内容，看看跟主体企业的经营范围是否一致？还用上面的例子，甲公司是卖电器的，如果合同写着乙公司向甲公司购买服装就不合适了。还要查验合同的具体条款，看看是否有哪里不太对劲，是否有异常的交易情况或者明显一方优势很大，假如合同约定乙公司向甲公司购买10台空调，货款要支付100万元，这明显就不对劲了，什么空调能10万一台？一看就让人怀疑这笔交易的真实性。

除了看合同，发票也得一一对应。现在已经统一用电子发票了，联网就能查验，税务局可能会查验销售方开具的业务跟企业的经营范围吻合不吻合，如果一个卖电器的开出一张咨询费发票，这一看就不对了。同时也会查验购买方收到的发票是不是企业真正需要的，比如一个卖电器的，收到一张儿童玩具用品大额发票，这也不太合适。可能就需要公司给出合理解释，如果解释不合理，就要小心了。

资金查验起来是比较简单的，直接就看银行流水里有没有这一笔对应的款项，付款金额、付款账户名称是不是对应的。还有一点要注意，这笔款付完之后，有没有再回流，比如乙公司付了空调钱50万，过几天这笔钱又流回了甲公司，或者流回了其他与甲公司有关联关系的公司，这就是异常，可能意味着虚假交易。

货物的查验就更简单了，打开仓库看一看，货在不在，在，数量对得上，就没问题，不在，就得解释都去哪儿了，解释不合理就要小心。

账目也是可查的，要看交易的双方对这笔交易的记账是不是对应的，比如甲卖空调，收到货款，记的是主营业务收入；乙买空调，计入固定资产，安装在公司里，这就是账目一致。

但如果双方不一致，比如甲记的是“其他业务收入”或者“投资收益”，而乙记的却是“办公费”。这种情况明显显示了账目上的不一致。解读一下这种情况，甲将卖出的空调入账为“其他业务收入”或者“投资收益”，这可能意味着甲想规避某些税费或者对收入进行了误分类。而乙方将购买的空调计入“办公费”，这可能是想要在短期内将其完全抵扣，而不是作为固定资产逐年折旧，这样也可能降低企业利润，造成少交税的情况。

这样做有理由让人怀疑甲乙公司双方有意图通过这种方式达到某种不正当的目的，如虚增或虚减收入、利润等。一旦确认，这种情节就比较严重了。

不过也不要过分紧张，以为只要有一点不一致企业就出大错了，虽然理论上“四流”就应该是一致的，但不排除有一些特殊情况，如果被查到了，只要能给出合理解释，一般都是没问题的。

比如，资金流不一致的情况。还用刚才乙公司向甲公司买空调的例子接着说。如果到了付款日期，乙公司当时拿不出这么多钱，但是甲公司也着急把货款要回来，而且付款预期乙公司要支付甲公司一定的利息。这时候，乙公司想起丙公司还欠自己一笔借款没还，催了催丙公司，丙公司说可以还款，因为转账限额和手续费的关系，担心先转进乙公司再转甲公司会耽误时间，或者付更多的财务费用，所以，乙公司告诉甲公司和丙公司，让丙公司把钱直接转给甲公司，三方都同意，这时候的资金流就成了从丙公司流向甲公司，与交易的甲乙主体不符了。

这时候，如果查到这笔资金的异常，那就要拿出甲、乙、丙三方签署的协议或乙公司委托甲公司收款的协议，协议上必须条款完善，公章齐全，这样就能证明三方债务的合理性，解释得通，就平安无事。

其他一些“四流不一致”情况就更为少见了，对企业来说，最好还是直接做到“四流一致”，这能省去很多麻烦，不然签协议，跑税务局做出解释等，哪个都比转款还费劲。

别碰发票的“雷区”

说到财税合规，发票一直是反面例子里绕不开的敏感词。在税务上，发票是一项重要的凭据。在法律上，关于发票的罪名一个比一个大。如果企业在开具或使用发票上做手脚，那就等于是自找麻烦。正义、诚信的企业也不该怀揣侥幸心理踏足泥坑。

现在我们一起来盘点一下发票有哪些“雷区”，企业最好绕道而行，否则就可能“灰飞烟灭”。

虚开发票

虚开发票是指在没有真实交易背景的情况下，开具发票。这是一种违法行为，主要目的通常是为了在税务、财务等方面达到某些不正当的目的，例如逃税、骗取退税、虚增成本、转移资金等。

虚开发票的风险巨大，超级大！不要小看现在的数字技术，技术加持下，税务局有着严格细致的查验机制。即使你在账上打点得再好，合同也都签得十分严密，资金也转了，但货物流却很难造假。比如说，你声称买了一批货，但实际上库存中并没有这些货，这样一查就破绽百出。或者你资金转进去了，又转出来了，“四流不一致”，根本对不上。再或者，你的开票内容一看就不符合公司的业务范围，直接就会提示异常。

被查到后，面对的可就是“狂风暴雨”，虚开发票不仅会面临重罚，如果金额达到了刑事起诉标准，认定为重大违法行为，当事人还可能被追究刑事责任，那就得被判刑。

更别提，现在各大部门都在强化信息共享，实施联合惩戒。一旦被纳入税务违法的“黑名单”，企业的信用评级就不用说了，一定是最差的一级。一处失信，那么处处都会受限，银行贷款、政府招投标、政府补助等等，这些都别想了，这种长期的负面影响，对企业的发展是致命的。

买发票

顺着虚开发票这条“引线”，就能炸出来买发票的。

买发票，就是找人为自己开一个没实际业务背景的发票。这张发票在纸面上看起来跟正常的业务发票没有什么两样，却缺少真实的交易背景。所以开票的人就是在“虚开发票”。

有的人虚开发票就是为了赚钱，因为国家对一些企业有税收优惠，比如小规模纳税人如果一个月的收入不够 10 万元，或者一季度收入不够 30 万元，是免征增值税的。有的人就利用这种税收优惠去卖自己的发票。

那肯定是有买方需求，才有人铤而走险。有些企业想少交点税，这种思想很危险，危险的思想会让人出“昏招”。

于是，有的企业“耍小聪明”，想到了买发票这条“捷径”。以为买来的发票入账作为支出，利润就少了，税就少了。但实际上，你冒着这么大的风险省下的些微税款，可能还抵不上罚款的一半。更重要的是，这是严重损害国家利益的行为，被广大消费者所不齿，一旦被爆出，企业也就没有形象可言了。

互开发票

还有的企业认为简单地买发票很容易被税务部门识破，或者担心被不良商家坑骗，所以选择另辟蹊径。他们利用多个自有的独立公司或与合作伙伴之间互开发票，做得再隐蔽一些的，还绕一个圈，A 给 B 开，B 给 C 开，C 给 A 开，环开发票。以为这样就能逃过税务稽查了？只能说，太天真了。

这种做法看起来是一个闭环操作，税款在多家公司之间不断地进行抵扣，好像没有真正造成国家税收的损失，因为最终大家似乎都按规定纳了税。但这样的思路是错误的。

因为纳税的时间被推迟了。比如，A 今天给 B 开的发票，可能需要等到 B、C 两家公司都完成交易后，才能真正完成税款的抵扣。要知道，货币是有时间价值的，从这个角度来说，晚交税，相当于少交税。

最主要的是，这样的操作还是没有真实的经济活动，所以，仍然会被判定为虚开发票。即使企业认为他们的操作已经很隐蔽了，但相信不断升级的税务稽查手段，仍然不会忽略这种复杂的异常操作，这实际上就是在给企业自己制造麻烦，增加自己的法律风险。

发票作废异常

作废发票也是一个敏感操作，在税务部门看来，这可能是企业税务风险的一个标志，尤其是当作废发票的情况出现异常时。

以下几种情况为典型的发票作废“雷区”，企业在实践中需格外留意，确保操作合法，避免不必要的税务风险。

情形一：每个月都恰好符合免征点，超出就作废。

都知道市场是起伏不定的，企业的业务也不该是“死”的。如果一个企业每个月的发票收入都刚好在增值税免征点边界上，一超出免征点就有发票作废，这很明显是一个异常信号。比如，小规模纳税人每月开票收入都是 10 万，某个月开了 12 万，然后作废了其中 2 万的发票，就显得很不正常。这样的操作会被税务机关视为企业故意规避税收。

情形二：身份转换临界点作废发票。

在税收优惠政策方面，小规模纳税人有很多福利，但符合条件就必须转为一般纳税人，具体的转换条件前面说过，这里就不细说了。而有的企业为了避免被强制转换身份，逃避升级为一般纳税人的责任，会在达到认定标准的临界点前，频繁地作废发票。他们认为这样可以维持自己的小规模纳税人身份，减少税务负担。但税务部门对此类行为也会重点关注，一旦发现，这种操作会被视为故意逃税，触发税务稽查。

情形三：作废大额发票。

那些平时业务都很正常，某月突然作废大额发票的企业，也会引起税务机关的注意。在正常情况下，企业的发票作废率应该是相对稳定的。突然出现大额作废，可能是企业有意隐瞒某些收入，或者存在其他税务风险。

情形四：发票作废又重开一样的内容。

如果发票开错了，作废重开是很正常的，但是如果重开的发票跟作废的发票一模一样，这就不太正常了，是一个明显的税务风险标志。现代的金税四期系统已经非常智能，通过大数据比对可以轻松找到这样的重复情况。一旦发现重复，就可能自动推送异常情况，企业就会受到重点关注，这可不是一件好事。

发票重复入账抵税

现在都用电子发票了，企业需要自行打印作为凭证附在账本里，不像之前的纸质发票，每个编号就那么一张。这时候有的企业就动“歪脑筋”了，反正我能打印很多张，可以多印几份入账抵税，税务局应该很难查出来吧？这种想法用“痴人说梦”来概括都有些不够。

电子发票与传统纸质发票在核心上没有太大区别。它们都是企业和消费者之间交易的凭证，都是税务部门用于核实税收的工具。而电子发票，因为其数字化的特性，其实更容易被追踪和核对。每一张电子发票都有其唯一的编码，加上现在全国统一的电子发票服务平台推出，税务部门已经拥有了更加先进和精确的数据匹配系统。

不论你的入账数据有多复杂，税务部门都能迅速找出其中的不对称和异常，进行相应的处理。一旦发现了发票重复入账的情况，除了罚款，还可能面临税务查验，甚至是刑事责任。

费用发票奇高

在经营活动中，企业会涉及各种各样的成本和费用，而其中，有些企业为了避税，不惜将费用发票开到不合逻辑的额度。这种做法，虽然在短时间内可能达到了减少税收的目的，但长期来看，其背后隐藏的风险和潜在的麻烦是巨大的。

比如，一家企业规模很小，但加油费用却与大型物流公司相当，这难道不是很明显的异常吗？再说那些咨询费、服务费。这类费用虽然比较模糊，但是如果数量过大，与企业实际规模和业务范围不相匹配，也是一个明显的危险信号。

甚至还有的企业工资不直接发现金，一部分钱让员工找票来报，用这种方法发工资。这不仅增加员工负担，而且长期、频繁地去开发票，很容易判断为企业的避税行为。

不管怎么说，发票不合规，绝对是不能碰的一个“雷区”，会让企业付出沉重的代价。与其花费时间和精力在发票上“动脑筋”，还不如真实经营，走在阳光下，无负担地轻松前进。

伪造发票

这一点在前几年比较常见，后来国家开放了增值税发票查验平台，供大家查验发票真伪，这种情况就慢慢少了。到了现在，都开电子发票，查验起来就更加方便了。

不过将伪造发票专门列出来，是因为这种行为十分严重，触犯刑法，不管是伪造了自己用，还是伪造了出售，尤其是伪造增值税专用发票的，会被直接判刑，还有罚金。数量巨大或者有其他特别严重情节的，无期徒刑都有可能。

希望各位创业者和老板、公司财务人员，对国家“以票治税”抱有敬畏之心，别碰发票的“雷区”。

不是只有挣钱了才需要交税

很多老板看着账面的亏损和企业上交的税费，十分困惑："公司都没挣到钱，怎么还用交这么多税？"

这种想法其实是源于对税种的认识不足，只把交税当成了交企业所得税。其实，税种有多样性，除了企业所得税，还有很多其他的税种，如增值税、印花税等，不同的税种有不同的计税依据，其他的税种就有跟企业的利润不相关的，反而跟企业的销售额联系密切。

接下来，我们详细介绍一下常见的其他税种，明白为什么要交这些税，搞清楚不是只有挣钱了才需要交税，交税跟盈利并不具有必然联系。

增值税

增值税很常见，就是对企业在经营过程中，从购进的原材料到卖出的商品，整个过程中增加的价值征收的税。

听上去是不是有点绕？举个例子，你进了一堆货，花了1000元，加工了加工，以5000元的价格卖了出去。针对这中间的差额4000元，就要交增值税。

但一般不会等你卖出了，计算出这个差额再自己交，因为这样很不保险。所以，征收增值税就是直接在进货的时候先征进项税额，你进货，这税款直接就跟货款一起支付给了对方。后续你可以拿着进货的发票上的进项税额来抵扣。

当你把货进行加工、销售后，消费者给你的钱里也包含了增值税，这就是销项税额。一般卖出的商品收的税多于买进的原材料付的税，这一进一出的税额抵扣完，剩下的差额就是企业实际交的增值税，也就是针对那 4000 元交的税。

这里以 13% 的增值税率进行一下计算演示，如图 7-2 所示。

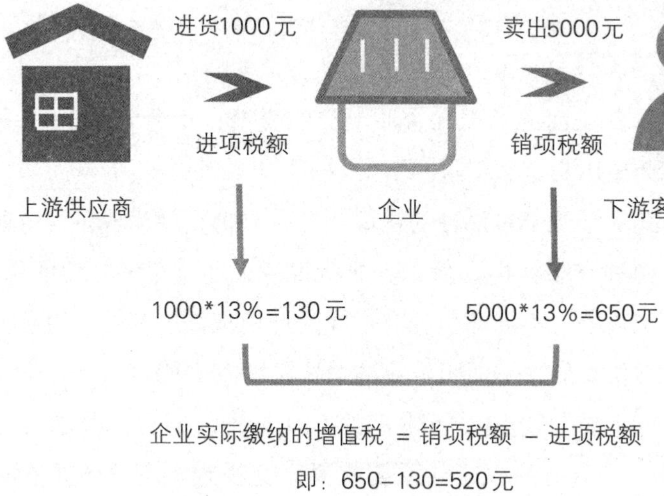

图 7-2　增值税计算过程

所以，只要你有业务，在开展交易活动，就得交增值税，这跟你盈不盈利其实没多大关系，哪怕你做完这些业务，其他人工成本、房租等已经超过了这个收入，算是亏损了，也还是得交增值税。

但是呢，也不要太担心，国家的税收福利还是很多的。除了之前说的小规模纳税人月度普通发票开票额不超过 10 万元，或季度不超过 30 万元，就免征增值税外，还有留抵退税、加计抵减、先征后退、即征即退等各种方便政策。

留抵退税是面向那些持有大量未售商品的企业的一项优惠政策。国家会先将他们的进项税退还给他们，等到商品销售出去后，再收取相应的税款。简单理解就是本来是留到以后抵的进项税，但这个以后太久远了，现在先退给你这笔钱，等能抵了再交回去。

加计抵减就是本来进项税额能抵 100 元，现在让你多抵 5 块钱。这相当于一个“补贴”，尤其是某些特定行业，企业的进项税额不能完全获得，税务上就允许他们计算进项税额的时候，可以多算一定的比例，这样可以减轻他们的税收负担。

其他还有很多，先征后退就是税先交上来，之后再退给你；即征即退就是先交了税，然后立马退给你。这些都能从各个角度给企业提供方便。

印花税

印花税，是一个不太常见到的税种，很容易被遗忘，有些企业甚至就没申报过印花税，那可得赶紧回去自查了。

这个税主要基于交易的合同文件来征收，如买卖合同、承揽合同、借款合同、运输合同、融资租赁合同等等，还有一些营业账簿也要交印花税，如股东向企业注资的钱，即实收资本也是要交印花税的。除此之外，证券交易也需要缴纳印花税。

印花税计算要按照交易金额的一定百分比来，不过，不同的文件或交易，印花税的征收率可能有所不同。比如租赁合同、仓储合同、证券交易适用 1% 的税率，买卖合同、运输合同、技术合同等适用 0.3% 的税率，营业账簿适用 0.25% 的税率，借款合同适用 0.05% 的税率。当然这只是现行的情况，如果政策有变动，还要遵循最新的税率。

一般的计算公式就是：

应纳税额 = 计税金额 × 适用税率

当然，也不是所有的合同都需要缴纳印花税。这个得具体对照《印花税税目税率表》里列举的那些合同，不在里面的就不用缴纳，比如委托代理合同、股权投资协议、工程监理合同等等，这都不用。

那你说如果我合同签了，但因为种种原因没有执行，是不是就不用交这个税了？错，依然需要交。因为你签的这份合同，就已经代表了一种承诺，只要属于《印花税税目税率表》里列举的那些合同，就得交税。

这时候有人又想了：“那我直接买卖，不签合同了，只是口头达成协议，是不是就不用交印花税了？”错了，还是要交的。在会计信息质量要求里有一条，就叫“实质重于形式”，你的经济业务发生了，这就是实质，至于形式上有没有合同，其实不重要，哪怕只是个口头协议，也算数，就得交税。

在理清这些困惑之后，也要清楚国家针对印花税给出的税收福利。现行的“六税两费”减免政策就含有印花税的福利，自 2022 年 1 月 1 日到 2024 年 12 月 31 日，这三年时间里，小规模的纳税人、小微企业，还有个体工商户，印花税可以减半征收，不过只是其他情形，可不包括证券交易。

房产税、土地使用税

从公司成立开始，就要计算缴纳交房产税和土地使用税了。公司的不动产如果是自己的，这两种税费就要自己申报，如果是租来的，就不用自己申报了。

房产税和土地使用税是企业在享有房产和土地的使用权益时，也应当为其产生的社会价值和公共服务付出一部分支出。

在税费的计算上，房产税根据企业拥有的房产原值或者租金收入来计算。简单来说，就是企业要按照自己的房产原值或者租金收入的一定比例来缴纳税款。土地使用税则是根据企业使用的土地面积和种类来征收的。不同用途的土地，比如工业用地、商业用地，税率可能会有所不同。

这两种税也跟企业的盈利没什么关系。

个人所得税

个人所得税，顾名思义，就是对个人收入征收的税。这时候又有人陷入疑惑：“这不是个人要交的税吗？怎么也得企业交？”

这可就误解了，员工的个人所得税是由企业代扣代缴的，这钱可不是企业帮忙垫付的，是从员工应得的工资里提前扣出来，再帮忙申报的。所以，看到企业账上有个人所得税，不要急着以为就是企业交的钱。这税也就跟企业的盈利没有关系了，企业不盈利，只要给员工发工资，就得申报个人所得税。

税务筹划要在法律上站得住脚

“税务筹划”这个词，近几年因为一些不好的事件频上热搜，变得家喻户晓。不少人纷纷对税务筹划抱有疑虑，感觉这事是不是本身就不靠谱。

其实大家担心的，并不是税务筹划这个行为，而是担心自己不小心踩到法律的红线。这就要好好分析一下税务筹划跟逃税、漏税、偷税等行为到底有什么不同。

税务筹划有一个大前提，即在法律上站得住脚（图 7–3）。这个大前提就把税务筹划跟那些违法行为分开了，划出了泾渭分明的一条分界线。所有的税务筹划活动都在一个合法的框架内展开，帮助企业合理规划税收，降低税负，促进企业健康发展。

图 7–3 税务筹划要合法合规

说白了，这个过程就跟我们节日大促在网上各种找优惠券，凑满减差不多。税务筹划就是在帮企业找税收优惠政策，合理规划业务，包括之前的选择小规模纳税人还是选择一般纳税人的身份，也是税务筹划的工作之一。就是各种计算，找到最佳优惠。在合法合规的前提下，想办法为企业节约一部分税款，让企业别因为不了解政策多交钱。

举个例子，小规模纳税人开票收入，一季度不超过 30 万元免征增值税，有一家企业就是小规模纳税人，平时每个月就七八万的收入，理论上全年都能免交增值税，但架不住偶尔订单集中，可能会有超过 10 万元的情况。

假设 6 月 29 日，企业来了一笔大单子，如果按 6 月 29 日来开票确认收入，企业这一季度销售收入直接就超过了 30 万元，那所有的收入都要交增值税。但如果在交易谈判的时候，事先直接跟对方约定好发货、付款、转账都放到 7 月 1 日，这样这笔交易就归入了第三季度，且保证“四流一致”。这一季度就能免交增值税，下一季度的后两个月一平均，整体上也能保持在 30 万元内，依然能享受税收优惠。这就是一个简单的税务筹划过程。

所以，真正的税务筹划都是合法合规的，一切围绕着真实的业务展开，这不仅不会为企业增加税务风险，恰恰相反，风控也是税务筹划的核心内容。

而那些逃税、漏税、偷税等行为，直接就带着“违法”的标签，风险奇高。不管是买发票、虚开发票、伪造发票，都是法律禁止还故意犯错的行为，不仅会让企业付出巨大的经济代价，还会对企业的声誉造成不可估量的损害。跟税务筹划根本不能混为一谈，这不是在筹划，这是在谋划。

要说起合法和违法，还有一种行为处于两者中间，就是避税。严格来说，这也不能算是税务筹划，税务筹划是合法的，但避税可能就踩到了法律的边缘。

避税唯一的目的就是税收利益。通过各种钻空子的方法迂回着让自已受益，但很多操作根本不符合税收的实际经济意图。一旦被税务机关发现，就会采取反避税管理措施，要求企业做纳税调整，按实际情况补缴税款。

例如，有的企业专门跑去税率较低的地区注册公司，他们原本在其他地方就有实际运营，跑这一趟就为了注册一个公司，实际上根本没有真实的业务，仅仅是为了获得税收优惠，降低税收成本。这样的操作，缺乏真实商业背景，很快就会被税务机关察觉，并对其进行反避税管理，追溯其税收并要求补税。

对于任何希望在商业世界中长久生存和发展的企业来说，合法、合规、真实的税务筹划才是应该做的，而那些游走在法律边缘的行为只会为其带来短暂的利益和可怕的风险。

那么，在税务筹划中，企业要注意哪些要点，避免走错路呢？

业务真实

既然选择了创业，选择了经营公司，理应踏踏实实开展业务，一步一个脚印赚得每一分钱。在税务上，凡是出现虚假业务，那税务机关就有合理的理由怀疑企业有非法目的。

所以，税务筹划也应该主打一个真实，真实的业务，真实的交易，真实的数据，如果这个主题变了，那所做的一切就不是税务筹划了。凡是基于虚假业务的税务操作，都可能被视为违法行为，带给企业无尽的麻烦和巨大的风险。

怎么做到业务真实呢？答案其实很简单，每一笔交易、每一项服务和每一个产品的交付都应该有明确的记录和凭证。在实际操作中，税务筹划往往涉及多个部门的合作，例如财务部、法务部、销售部等。这需要企业内部各部门之间沟通良好，配合顺畅，每个环节都不能掉链子，全部真实，且一一对应，这其实也是做到了“四流一致”，方便税务机关对企业的账务进行核查。

专业谨慎

企业得明白一点，税务筹划并不是为了不交税，而是为了确保在法律允许的范围内，企业不会多交不必要的税，其目的是解决信息不对称问题。

什么叫信息不对称？就是有这个政策，但你不知道，你就享受不了。很多福利你不主动发现，不主动申请，是不会有人专门来通知你的。你知道了才能去享受，就能打破这个信息不对称。

老板不可能天天去研究政策，有时候研究了又觉得企业不符合就放下了。但其实政策经常变，今天的政策不符合，明天的新政策可能就符合了。而且不符合也可以慢慢转变，企业毕竟也是成长变化的，有些可实现的条件，努力让企业符合就可以了。

所以，专业的事交给专业的人，让懂税、研究税务筹划的人员来根据企业所处的行业、规模、业务、财务状况制定一套详细的筹划方案，挖掘企业可能符合各种税收优惠条件，就能从各个角度全面给企业节省税收。

那选人就很重要了，如果选择的税务筹划人员不专业，不懂法，不谨慎，很可能会给企业带来较高的法律风险。

防患未然

税务筹划不光是为了让企业少交不必要的税，还有一个核心任务是降低税务风险。

都知道防患未然，为了做好税务筹划，事前工作是关键。筹划这个词本身就有想办法、定计划的意思。真正的税务筹划就是事先做好规划，而不是事后补救。一旦企业的经营活动开始了，与之相关的纳税义务也就产生了。只有在业务发生前就已经有了完善的税务筹划，企业才能确保每一步都走得稳妥，而不是步步惊险。

除此之外，要确保税筹方案成功实施，一个完善的风控体系必不可少。风控体系可以看作税务筹划的安全网。在税务领域，有很多复杂的规则和条款，即便企业有了完备的筹划，一些不可预见的变化也可能导致筹划的失效。

这时候，风控体系就起到了双重防护作用，既帮助企业在筹划阶段就预见和规避潜在的风险，又确保在实施筹划时，有一套流程和机制及时调整策略，防止出现误区。

金税四期来了，别存侥幸心理

老板和会计们应该都听说过响当当的“金税四期”了。金税工程作为国家级的电子政务工程，一直是税务信息管理的核心支柱。技术在更新，系统在进步，“金三”升级，就出现了“金四”。

在“金三”时代，税务管理还是得靠纸质发票。当一家企业向另一家企业购买商品或服务，卖方会给买方开一张发票。

这个票不仅仅是一张纸那么简单，每张发票都有自己的发票号。卖方开完票后纳税申报，买方收到票后也要认证，两者对应上就没问题。如果对不上，就有麻烦了。

后来有了税盘，用税盘开票，税盘本身就自带防伪功能，财务人员用税盘领票、抄税、清卡，实现了一定了电子化。

进入“金四”的时代，主旨又变了，“以票治税”变成了“以数治税”（图 7–4）。纸质发票慢慢变成历史，电子发票“闪亮登场”。

图 7–4 “金三”升级成“金四”

这可不是简单的一换一，电子发票在录入的时刻，相关的税务数据就生成了，信息瞬间传递，不需要进行纸质发票的处理。效率倍升还不易出错，省了很多事。税务机关就能实时看到每一笔交易，税控的时效性和精细化程度大大提高。

不止如此，其实金税三期已经能连接很多部门的信息，比如工商部门、社保部门等等。所有关于税收的事，都在监控下进行。金税四期不只关心税务那些事情，还扩展到了其他的业务。我们所熟悉的各种部门和机构，包括人民银行、各大商业银行等，都已经可以跟税务机关共享信息。包括法人的手机号码、公司的纳税状态，甚至是公司的登记注册信息。这意味着，如果一个公司的交易流水跟税费申报对不上，那这间公司可能就要被“点名”了。

这么一来，税务系统变得更加先进了，几乎可以实现税务的全面在线管理，营造出一个智能化的税务环境，个人和企业都深受影响。

很多小商贩如摆摊的、卖早餐的之前几乎都没有交过个人所得税，个人之间的转账也很少受到税务的提问。金税四期来了，这一切估计就要慢慢变化了。

资金的流动情况就是金税四期的重点监控领域，要知道个人所得税就来自收入，系统一运行，个人的银行卡、网上转账、乃至于支付宝、微信支付，都在“金四”的探查范围。超过 5 万元的现金交易就会被纳入监管。

当你的卡里忽然有一笔大额收入，系统就开始默默查证了，这笔钱是不是你亲戚借给你的？还是你卖了块地，或者你刚做了个大项目？目的就是想确认，这笔钱是不是你的正当收入，需不需要交税。要是实实在在赚来的钱，当然没啥好担心的，系统确认过就过去了，但要是有什么不对劲，可能就要接到税务电话了。

特别是出现公转私，就是企业账户给个人账户打钱，这绝对是要被重点核查的，看看这笔钱是不是合规的。除了发放工资、报销费用、向个体户采购、支付赔偿金等等合规的公转私，一些非合规的转账都会被仔细查验。

尤其是公司账户给老板、高管们的个人卡打钱的，监管格外严格。哪怕是正常的借款、还款，也可能被问询。过去，有的企业老板用自己的私人卡收公司的业务款。这在以前也是不合规的，但可能有时候被发现得比较慢，但在金税四期面前，这招儿就不灵了。

系统不光关注你有多少钱，更关心这钱怎么流动。公转私多了，系统就会给你重点标注。时间久了，税务机关掌握了证据，企业就得面对责令限期改正或罚款。

视线转移到企业，金税四期的影响就更深远了。税务监管愈发严格，金税四期的电子发票功能，相当于给企业设立了一个透明度极高的“账本”。过去，有的企业心存侥幸，铤而走险，妄图通过买发票、对开发票来减少税收。觉得隐蔽一点税务机关发现不了。现在，赶紧丢掉这种侥幸心理，每一笔交易，都会自动形成纳税信息，能有效打击涉嫌虚开发票或虚抵发票的行为，瞒天过海几乎不可能。

这个系统的“手臂”很长。不仅关注企业的交易，还和银行、金融系统深度合作，共享数据。所以，如果你是企业法人，一旦有大额现金交易，或者频繁的大额转账，特别是那些看似正常但实际上有些“小动作”的交易，金税四期都会敏感地捕捉到。比如你公司明明规模很小，但经常有大额流水，或者有个账户一直闲置，突然之间又有大笔的资金进出，这些都会被金税四期注意到。

所以，在“金四”时代，合规不仅是红线，而且是企业的“命脉”。一家企业如果想要稳健发展，就必须确保自己的操作是规范的、合法的。过去那些小门道，现在都可能被金税四期“一眼识破”。

心存侥幸就是自找麻烦。说不定某一天老板就会收到税务机关发来的短信问候，直接言明大数据分析比对发现公司在某年有代开发票，成本费用有虚列风险，所得税的申报情况有误，让你限期自查补税。这时候，其实证据已经确凿了，不然不会直接找到你。真要是收到这短信，相信没几个不心慌的。

金税四期确实给了企业一些压力，虽然增加了税务监控的强度，但其目的并不是为了困扰企业和个人，而是为了更好地规范税收制度，确保税收公平、合理。对于大多数规规矩矩的纳税人而言，这更像是一道保障，确保每个人都在公平的环境中竞争。同时，这也是一个机会，让企业都能回归本质，真正做到诚信经营。

第八章　数字化时代，告别传统财务管理模式

当数字化时代来临，为了一份报表熬夜加班，或者因为一点小错误就得重新核对所有数据的尴尬可能将成为过去式。金税四期的出现就是一个数字化的信号，当税务机关已经用数字技术来监管企业，企业的财务管理如果还停留在线下层面，怎么跟得上时代的步伐？

告别那些烦琐而低效的工作方式，我们要开始学会用数字化的思维去看待财务，用更科学的方法去分析数据，用更智慧的方式去做决策，这才是未来财务管理的新模式。不过，数字化带来的不光是便利，同样也有着新的挑战。如何在这个时代中，既能把握数字化带来的机会，又能应对相伴相生的风险？对于财务部门，这绝不仅仅是一次技术上的升级，更是一次思维上的转变。

站在数字化的起点做财务管理

我们身处于一个数据爆炸的时代，你有体会吗？

在过去的几十年里，互联网从无到有，再到全球连通。信息技术的发展更是超乎人们的想象。

今天，只要你打开手机，点击一个广告，进行一次网购，甚至只是浏览一下社交媒体，都在生产数据。每一次搜索，每一条朋友圈的动态，每一次位置共享，都在为这个庞大的数据池注入新的信息。

除了手机，电脑、智能家居设备，以及各种工业传感器等，都是数据源。这些数据呈现指数级增长速度，所以称之为“数据爆炸”。

在这种时代背景下，“数字化”的号角已经吹响，很多企业纷纷涌入数字化转型的赛道。希望通过挖掘数据价值，来更好地支持企业发展。当这条赛道已经挤满了人，为了不被时代淘汰，数字化就成了企业的必然选择。已经不是“想不想做”的问题，而是“不得不做”的决定。

也有一些小企业没想好要不要乘上这股“数字化”的东风，甚至觉得自己可能还不需要这些东西。其实如果确实成本受限，连财务工作都是外包的企业可以再等等，但如果已经认识到管理的重要性，对于财务也很关注，有了自己的财务部门，或者打算成立自己的财务部门，数字化这件事就可以直接纳入企业发展计划了。

初创企业，特别是刚刚成长起来的小微企业，其实有一个很大的优势，那就是站在数字化的起点做财务管理。因为企业起步时间不长、规模不大，直接开展数字化阻力很小，根本不需要像大企业一样，花大力气去转型。

这一点很好理解，比如现在新开的饭店，很多都用平板电脑来点餐，或者手机扫码自助点餐，新招的店员，直接统一培训上岗，熟悉工作流程，没有人有异议，一切顺理成章。

但如果是老饭店想要转型，就得对上下全体员工重新培训，还要把之前的点餐、出单、上菜流程重新制定一遍，管理手段也要重新设置，员工绩效考核方式也得改动，等等。听起来就复杂多了，一旦规矩没有定在前面，后面想改，想变，就可能触动某些人的利益，让这件事儿难度加大。

不过，毕竟只是一间饭店，就算难，推行起来也快，可如果把这件事换到一家大型集团公司呢？原本各分公司之间、各子公司之间、总分公司之间、母子公司之间的工作对接流程和报告报送流程，原本的工作方式、表格模板、报告文书、管理手段，等等，全部都可能因为一套内部信息管理系统的上线打乱。

在试运行阶段更是有数不清的难题一一浮现，整个数字化转型所付出的成本，可就不仅仅是购入一个信息系统、开展几场技术培训的钱，还会伴随集团内部上下，整体运营效率的降低，这里面的隐性成本是看不见但又真实存在的。

这件事儿换到初创企业或者刚起步的小微企业就不同了，一个本身这类企业整体规模就小，人也少，老板发话了，几个人一研究，直接就能试运行，不需要一个一个做思想工作，一个一个沟通环节，在开展相关财务管理工作之初定下的规矩就是如此，没有人觉得有什么不对，也不需要转型什么。这就是所谓的“轻装上阵”的好处。

换个角度，“数据爆炸”也意味着机会大增。因为这些数据背后，隐藏着关于消费者行为、市场趋势、环境变化等各种信息。大数据分析、人工智能、云计算等技术，都是为了更好地解析和利用这些数据而诞生的。

所以，对初创企业或者刚起步的小微企业来说，数字化也是一个非常好的契机。企业从创立到起步，成长过程中，常常面临资源、资金、技术和人才等多重瓶颈。在还没成长起来之前，没有大企业的庞大规模和强大资金，也没有大量的市场资源。

但在数字化时代，小企业也能借助网络平台弥补短板。事实上，数字化为这些小企业带来了前所未有的机会。数字技术的普及和成本的降低使得中小企业能够在短时间内快速实现技术和业务的跃升。

比如，许多的云服务和工具都是免费或者低成本提供的，小企业可以利用这些工具，轻松地管理客户关系、分析市场数据，或是进行线上销售。这些原本需要大量资金和技术支持的事情，甚至只需要一个智能手机和几个应用程序就能完成。

通过数字化，中小企业可以提高自身的效率，降低运营成本，更精准地把握市场需求，从而实现快速成长。

为什么这里要强调站在数字化的起点，做“财务管理”呢？为什么是从财务数字化开始呢？

这并不是偶然。首先我们要看到财务的特殊地位，之前说过，财务部门就是企业的数据中心。而数据就是财务的语言。

数据提供了一种客观的、不易被篡改的方法来表示信息。在财务领域，这意味着可以更容易地追踪和核查交易，从而提高了透明度和可靠性。

无论是在哪个行业、哪家公司，数据和它们所代表的经济价值都是不变的。这些数据代表了公司的各种经济活动，从收入到支出，从资产到负债。数据帮助企业理解自身的财务健康状况，预测未来的经济前景，助力制定战略和战术决策。

传统的财务管理主要依赖于人工计算和手工录入。但在数字化时代，财务软件和工具可以自动化这些任务，并通过算法和模型进行深入的分析，为企业提供智能的决策建议。例如，通过分析历史数据，企业可以预测未来的销售趋势、库存需求或现金流状况。

即便对于初创企业来说，因为规模小，财务数字化也不需要巨大的成本和长时间的准备，它可以快速实施，数据分析结果一出，就能短期内看到效果。

更重要的是，数据不仅仅是财务部门的工具。实际上，它连接了企业的每一个部门。销售数据、库存数据、生产数据等都通过数据进行交流和整合。这确保了整个组织在做决策时都基于相同的信息源，提高了团队协作和决策效率。

所以，作为数据中心的财务部门，完全可以成为企业数字化的一个切入点。一旦财务数字化取得了成功，就可以为其他业务领域提供经验和模板。企业可以在财务数字化的基础上，逐步扩大数字化的范围，从而实现全面的数字化。

打破传统的财务数据定义

说到财务数据，你首先会想到什么？

是资产负债表、利润表、现金流量表上面的那些报表数？还是预算执行表上的预算执行数？抑或是财务报表中的指标计算数？

这些都是我们通常认为的财务数据，即在企业会计和财务报告中经常使用的那些基本、核心的信息。这些财务数据来自企业的日常交易，为企业的经济活动提供了结构化和标准化的记录，并定期以财务报表的形式公布，为投资者、管理者、债权人和其他利益相关者提供了企业过去的、当前的，以及未来预测的财务状况信息，

现在，这类数据可以被称为传统的财务数据。在数字化时代，企业不再仅仅依赖传统的财务数据进行决策。传统的财务数据，如销售收入、成本、利润等，虽然仍然是核心的，但已经不能满足企业在这个快速变化的时代中所有需求。数字化带来了数据量的爆炸性增长，而这些数据来源于各种各样的渠道：社交媒体、物联网、移动设备、在线交易等。在这个背景下，新型的财务数据开始崭露头角。

我们之前在说到企业决策需要用到哪些数据作为支撑时，在“暗数

据”部分就提到过非结构化数据。非结构化数据就是新型财务数据的一种。

非结构数据，如文本、图像、音频、视频等，在各运营场景中都占据了重要的位置，通常承载着丰富的情境信息、人们的真情实感，以及复杂的业务逻辑。拿在线评论来说，你可能会在其中看到消费者对一个产品或服务的真实评价，这些文字不仅仅是简单的好评或差评，更是消费者的真实体验和感受。再比如员工的笔记，这里面可能不经意间透露着员工对于工作流程设置问题的吐槽，或者对于改进方案的企盼。对企业来说，是难能可贵的一手资料。

不过，很多企业在面对这些非结构数据时，或许觉得有些手足无措。因为这类数据不像结构化数据那样容易整理和分析。但如果忽视它们，就等于放弃了获取全面信息和深入洞察的机会。甚至可能因此多花费更多的成本来“重新发现”其中暗藏的信息，绕了一圈才发现，答案早已摆在眼前。

这种情况下的信息发现成本并不仅仅是金钱上的开销，还包括了时间的浪费、决策的迟滞、机会的失落，以及因为缺乏完整的数据，而做出的不准确或不恰当的决策。

举个例子——

张三是一家餐饮连锁品牌的老板。公司最近在研发新菜品，为了打造一个独特且受欢迎的新口味，团队在分析各种成本、利润和市场趋势后，决定用一种本地平时不太常吃到的海鲜当主食材。

在正式敲定方案之前还得对这道新菜品进行成本核算，预测一些销售情况，于是公司基于内部其他海鲜菜品的数据，以及市面上同类菜品的毛利等数据，预测了一个结果，认为大有可为。

但其实，餐厅的社交媒体账号在前几个月接到过不少关于其他菜品海鲜过敏的反馈。有些顾客留言说，他们希望店里能有更多不含海鲜的选择，否则同行人不同口味，吃饭不好一起吃。而店内的服务员也反映，很多客人在点餐时都会特别询问菜品中是否含有海鲜成分。这些非结构化的信息点暗示了一个趋势，即当前的客户群体中可能有相当一部分人对海鲜存在疑虑或过敏反应。

这些反馈都属于非结构化数据，如果张三完全忽略这些非结构化数据，那么新品上市后，可能会发现并没有达到预期的销售，顾客的反感和投诉反而增多了。此时，不得不重新调整菜品，浪费成本、时间，还失去了一些老顾客。但如果早点重视并分析这些反馈，可能就会避免失误，快速地找到更符合顾客需求的新品方向。

听起来这些数据跟财务并不直接相关，反倒跟业务联系十分密切。

这是因为，在财务数字化过程中，出现了一种新的财务组织模式，也是一种新的财务岗位，叫作财务 BP，BP 全称是 Business Partner，也就是事业伙伴，财务 BP 即财务事业伙伴。

过去，财务部门通常是企业中独立的部分，负责记录、统计和分析数字。但现实经营越来越复杂，老板们需要的不再只是一份简单的财务报告，更希望能让数据“开口”，告诉他们：“企业应该往哪个方向走，才能赚到钱？”这就需要财务部门与业务部门更紧密地合作，相互理解、互相支持，也是我们之前提到过的“业财融合”，这正是财务 BP 模式的核心理念。

这一模式下，财务这一角色，已经不是一个纯粹的“账房先生”，而是企业决策体系的一份子。数字化加速了这个过程，让财务角色转变得更快，业财融合得更深，也就理所当然地拓展了财务数据的范围，将更多业务相关数据纳入财务数据范围，打破了传统财务数据的定义。

所以，重新审视财务数据，我们会发现，企业运营过程中的很多细节都与财务数据有关。这不仅仅是关于钱的问题，更是关于如何更好地为企业创造价值的问题。财务 BP 岗位正是响应这一需求的产物，要求财务职场人不仅要精通财务工作，更要深入理解业务，一起为企业创造更大的价值。

可以说，在财务 BP 的眼中，任何与企业经营相关的信息，都算财务数据。从销售额、存货数量，到客户反馈和市场趋势，统统都在关注范围内。

而除了这些直接的经济数据，财务 BP 更关注那些隐藏在背后、影响企业盈亏的其他因素，如机会成本。做决策就像在购物，如果钱有限，买这个就买不了那个，我们总是要权衡一下，选择了 A 方案就放弃了 B 方案，而 B 方案可能多获得的收益就是选择 A 方案的机会成本。

简单举个例子，公司现在有 10 万元，要么用来开新店，要么用来研发新产品。假设长远来开店能盈利 8 万元，研发新产品能盈利 10 万元，如果选择开店其实就损失了 2 万元的潜在利润，这就是机会成本。

还有效率成本，这个就更好理解了，现在的人经常点外卖，如果直接算成本，看起来外卖就是比自己做饭贵，一份炒饭假设 10 元，自己炒，用的材料、水电、煤气加起来姑且算 4 元，明明能省下来 6 元为什么没人做？健康问题咱们先放到一边，很多时候就是因为太慢了，很麻烦，做饭 1 小时，刷锅刷碗 10 分钟，吃饭可能只需要 5 分钟。这个效率真的慢。再有人厨艺还不好的话，浪费了时间去准备，炒菜的火候又不对，那这顿饭的成本肯定比原先想的要高。

效率成本其实就是看企业的时间、资源用得够不够精准，够不够省力。一个工作流程如果太复杂，员工浪费时间，那公司其实就在悄悄地亏钱。

更何况，有时候效率成本跟机会成本是挂钩的，效率低也会增加机会成本。假如一个项目因为某些原因延期了，哪怕就延期一天，这钱、货停在那儿，就有一天的成本，这还只是直接的经济损失。如果因为这个延期，公司错过了一个巨大的市场机会，或者让竞争对手赶上了，那这个损失是不是远大于那些直接的开销？这就是机会成本，看不见，摸不着，但就是让人惋惜，这是企业本可以挣到的钱，或者说是本可以省下来的钱。

数字化时代的财务数据，不仅数据形式多了，数据范围也广了，但不管分析什么数据，其实都是为了让企业更好。

数据标准化，才能效率最大化

我们已经知道财务数据的范围扩展了，但各种形式的数据，五花八门，根本没办法直接拿来用，分析起来还很费劲，如果最后用不上，数据价值就是零。而想要快速高效地处理数据，真正挖掘到数据的价值，更好地管理数据，标准化是关键的一步。

什么是数据标准化？

简单点来说，就是将各种格式、单位或尺度的数据转化为一个统一的、可比较的格式。就是我们平时说的“统一口径”，就像用一个“漏斗”把不同的数据作以相同的规范化处理，如图 8-1 所示。

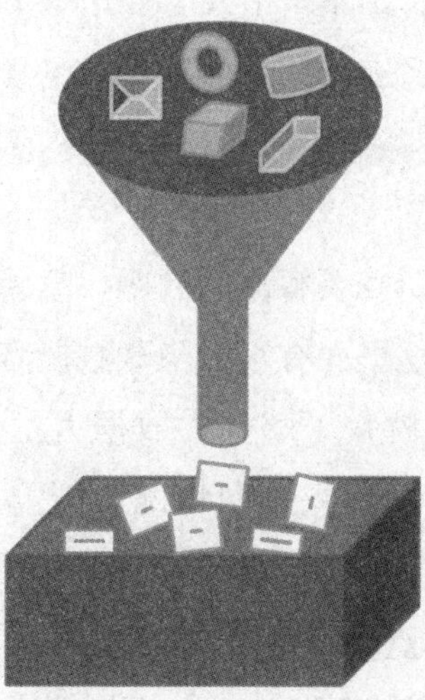

图 8-1　数据标准化就是“统一口径”

企业的数据可能来自不同的地方，有的是数字，有的是文字，有的是小数点后有好几位，有的是整数。如果直接拿来分析，混在一起根本没法计算。只有数据都是“同一口径”的，才能更快速地开展数据分析。

其实，我们每天都在不知不觉地做数据标准化。比如你在购物时，比较不同品牌的产品价格，但它们的计量单位不同。就得统一转换为“每公斤的价格”或“每件的价格”来进行比较，这也是一种数据标准化。

数据标准化可不光是为了方便数据分析，更重要的是，可以确保我们基于数据做出的决策是准确和可靠的。面对一大堆来源各异、格式不一的数据，如果不进行标准化，就很难有一个统一和准确的“共识”。

比如要对比两家公司的财务状况，但它们的记账本位币就不一样，财务报告使用自然也是不同的货币单位，直接对比没有任何意义。按对比结果做出的决策也可能是错的，或者说是“失真”的。

所以，数据标准化不只是为了让数据看起来更整齐、更好分析，真正的价值在于为企业提供一个清晰、准确的决策基础，不然分析一通，白做工，工作成本不少，出不了活儿，效率低下。

现在问题来了，怎么进行数据标准化？

从技术的角度来看，数据标准化是一项前置工作，涉及数据的收集、整合、清洗、处理。

数据收集前，必须明确要解决的问题。拿差旅费为例，有的企业报销完就不管了，但其实这里面有很多隐藏数据需要挖掘。

先找到一个目标，就是了解相关数据为了什么。是要控制差旅费支出？还是为了了解各城市差旅费情况，制定一份合理的差旅费报销制度？

要控制支出就得重点关注有没有超限额的消费，比如一个三线城市，普通员工住一晚酒店费用 500 元，虽然不是太离谱，但是了解过城市整体消费水平，就会觉得这个价格其实存在浪费之处。

那如果你是为了制定一套全面的制度，就不光得知道费用，还要关心背后的细节，什么时候去的？去的哪儿？怎么去的？住哪儿？但是，也不必一开始就追求数据多么完整。有时候，过多的信息只会增加复杂性，而非提供更多价值。所以，明确目标，有针对性地收集数据是关键。

现代企业中的数据来源于各种各样的系统和渠道，如 ERP（Enterprise Resource Planning）、CRM（Customer Relationship Management）、SCM（Supply Chain Management），甚至是社交媒体。要标准化这不同来源和属性的数据，需要用到 ETL（提取 extract、转换 transform、加载 load）工具，将这些数据整合到统一的数据仓库里。

整合进去并不算完，其中很多数据存在重复之处，只不过表达方式不同，有的还可能直接就是个错误的数据，所以，数据清洗和质量控制是必要的。假设一个供应商在公司的多个系统中有各种不同的名字或编号。主数据管理系统就能派上用场，可以确保无论在哪个系统，这个供应商都有一个统一、标准的名称。

这一步可能需要技术工具，如数据质量管理工具，但也需要业务知识，确保数据清洗后还能准确地反映业务现实。Excel 对于初学者来说是个好工具，但随着数据增多，专业的数据库管理工具将变得必不可少。对于初学者或非计算机专业人士，可以考虑使用用户友好型的数据库管理工具，无需深入了解数据库语言，小白也能实现高效的数据管理。

数据标准化最关键的是要确保数据能够以一种有意义的、可用的方式组织起来。这可能涉及建立数据模型、定义数据之间的关系，以及为数据元素命名和分类。

例如，可以按损益表的科目名称，如收入、成本和费用等进行分类，并在每个大类下设置具体字段。当然，任何特殊的数据或者不太常见的数值，都应当特别标记，确保以后分析时不会误读。

以上就是数据标准化的一个简单技术处理过程。不过，仅仅从技术角度来理解这件事还是狭隘了。

其实，数据标准化不只是一个技术问题，也是一个战略问题。关乎企业如何整合各种资源，确保信息流通无阻，并在此基础上做出明智的决策。

从战略的角度来看，数据标准化是从企业战略目标出发的，比如你公司的战略是开拓市场，那就得更关注销售和产品研发；如果你的公司战略是近期要进行内部控制，那就得关注内部流程的数据情况。这样才能直奔主题，少走弯路。

这背后，涉及的是企业文化的深度变革。从钱的进出，到业务的成功与失败，我们要明确哪些是企业关键的绩效指标。这不只是高层领导要明白，每个部门、每个团队都得统一看法。这意味着我们不仅要定义什么是“营收”“利润”“获客成本”等财务指标，还要对市场份额、客户满意度、产品质量等业务指标进行明确和统一。

而这些指标的价值并不仅仅在于它们本身，还在于它们的分析维度、分析频率和数据源。例如，一个销售额指标可能需要在地域、产品线或销售团队等维度上进行分析，以获取更深入的洞察。

最后，也是最关键的一步，企业还需要建立一套完善的数据治理体系，确保数据的质量和安全。

业务在发展，企业在进步，数据的变化也是常态。新开一条生产线，发布一件新产品，引进一个新的管理信息系统，上线一个新软件，甚至是成立一个新部门，都意味着会有新的数据来源、新的数据类型，带来新的数据格式和统计口径。

在这种情况下，一个静态的数据治理策略是远远不够的。我们不能期待数据永远按照既定的格式和结构存在，毕竟企业的需求是多变的。

所以，企业需要的是一个动态的数据标准化机制，可以适应这些变化，确保数据始终处于最佳状态。

这里的“动态”不仅仅是说要定期更新数据标准和定义，更重要的是要形成一个整体的、有弹性的数据管理流程。每当有新的数据类型出现时，这个机制能够迅速地为它找到合适的位置，确保数据流动畅通无阻。同样，当某一数据类型不再使用时，也能够及时地进行清理，确保不会有冗余数据。

除此之外，还需要培训员工、更新技术和工具，以应对新的数据挑战。种种工作和流程凑在一起，一个完整的数据治理体系雏形就诞生了，体系运转，不断完善，数据的价值才能得到充分的挖掘。

数据分析，手段升级

数据的价值最终还是要体现在结果上，分析出来有用的结果才是最终目的。不然，哪怕前期工作做得再好，还是没价值。所以，数据分析才是企业要面临的真正挑战。

最简单的数据分析工具就是 Excel 表格。对于一些初创企业来说，业务不多，其实完全够用。要说成本，软件几乎算没有成本，就是需要人工根据企业情况来建立一些分析模型，也就是表格模板。

说到建立数据分析模型，有的人觉得这是“技术流”，一般人干不了。其实，这不是某种高端难懂的技术，说白了就是几张精心设计的表格而已。企业根据不同的信息需求，按照以往的统计经验和计算规则进行整理列示，然后只需要键入几个原始数据，表格就能自动运算，给出相应的结果。

举个例子，公司想知道在未来一段时间内（如三个月、半年或一年）的财务状况，特别是现金流情况，可以做一个财务健康预测模型。建模型要先找数据，包括但不限于过去的销售额、存货水平、应收账款和已知的未来订单。这些数据可以从财务软件或数据库找，也可以让业务部门协同提供，一查就有。

数据准备好了，接下来要确定预测模型的形式。一个常见的方法是使用时间序列分析，特别是当你希望基于过去的数据来预测未来的时候。如果手头有其他相关的数据，比如行业信息、市场数据，也可以结合回归分析来完善预测。

这个模型的功能在于，你随时放进新数据，马上就能看到未来的财务情况。随意调整一些数值，还能看看如果情况变了，结果会是什么样。这真的很实用，因为假如模型告诉你未来可能钱不够用，公司就可以提前准备，调整计划，避免突然的资金短缺，确保持续的运营。

还有一个很常用的成本效益分析模型，这个模型是为了分析某个项目或决策的投入与预期的回报，确定这项目值不值得投资。

首先需要明确分析的目标。比如，你是想分析新设备的购买决策，还是纠结 A 或者 B 投资方案，抑或是某一投资要不要终止，收回资金等等，各种用途，应用广泛。

设计这个模型需要收集关于这个决策的所有相关数据，如果公司想买个新设备，先得想想这设备要花多少钱，不光是买的钱，还有安装费、培训员工怎么用的费用，都是投入。然后得考虑，买了这个设备后，生产会不会更快？费用会不会节省？这些就是回报。然后，根据这些数据，构建一个可以计算投资回报率（ROI）的模型，看看你投的每一块钱，能带来多少收益。

设计出来的模型就像个模拟器。你输入不同的数据，比如你觉得销售会涨多少，新设备能用多久，就能得到买设备的投资回报率。也可以随便改数据，看看不同情况下，结果如何。如果 ROI 超过企业的期望值，那么投资就可能是明智的；如果 ROI 低于期望值，那就得好好想想了。对企业来说，每一个决策都涉及资源的投入。这个模型的价值在于确保资源用在“刀刃”上。

根据各种应用场景，企业能设计出无数个这样的数据分析模型，基本就实现了一定的自动化，初创企业一般够用了。

但如果后续企业规模扩大了，数据量爆炸式增长，数据的复杂度和多样性也超乎想象。这时候已经没办法再用人工来一一设计这些模型，手动处理这些数据，应用的时候还容易因为不小心点了哪里，模型就报错，解决问题又浪费时间。该怎么办呢？

当传统方法逐渐显得力不从心，那大数据、云计算、人工智能这些听起来更高端的技术就可以下场了解一下了。

以往处理数据得要多个服务器、数据系统来支持，借助大数据技术，快速分析多元、高维的数据不再是梦。大数据技术允许企业进行复杂的分析操作，如聚类、分类和关联规则挖掘，帮助决策者发现不容易觉察的市场趋势或商业机会。

云计算是大数据的最佳搭档，最大的功能体现在“算力”上，其承载力极高，大规模的数据运算离不开这项技术。云计算也可以快速扩展计算资源，确保分析任务高效完成。多人协作、多地操作也因此变得十分简单。公司团队成员可以在云端共享数据、分析模型和结果，让数据分析的结果在公司各部门快速流动。

人工智能就更夸张了，通过算法和机器学习，可以自动从这些数据中挖掘出一般规律，预测趋势，甚至帮企业做决策。如人工智能可以自动分析消费者评论，找出产品的痛点，然后向研发团队提供反馈，或者通过分析销售数据，预测下一个热销产品。深度学习还可以用于图像、语音和文本的分析，为企业提供更加多元化的分析视角。

当这三种技术结合起来，企业就能实现真正的数据驱动决策。听起来简直太酷了。

有人可能会问，这么复杂的技术，企业怎么拥有？

就两种方式，自己研发或外部引进。开始的时候，企业规模还不算大、业务也不算超级多，虽然已经需要这些数字技术，但其实没必要自己从零开始建。现在市面上有许多大型科技公司都提供了一站式的解决方案，公司可以选择试用他们的服务，评估效果。用得好，用得上，再培训团队，付一个服务费就能长期使用了。

要是企业已经成长为一个“庞然大物”，资本雄厚，为了更好地适应企业的独特需求，可以考虑定制开发或自行研发。这种投入就相当大了，不过，一旦成功了，那与企业的契合度一定是最高的，对于企业整体的运营效率的助力不可小觑，甚至能成为企业的一个里程碑事件。

安全第一，给数据设置“防火墙”

当企业越来越依赖数据驱动决策，保护数据安全就显得尤为重要了。数据一旦丢失、损坏，或被恶意攻击，导致泄露，那么企业的一些商业机密、客户隐私，以及公司的业务策略就都可能被外界知道，包括竞争对手。这样一来，公司的形象可能会大受影响，甚至还可能面临法律的追究。

在日常运营中，财务数据是最受关注的一部分。其反映出公司的经济状况、赚了多少钱、花去了多少，还有钱流动到了哪里。如果这些财务数据被不怀好意的人拿去了，那不仅可能会让公司的一些重要决策泄漏出去，还可能被用来做一些违法的事，比如操控股市、诈骗等。

这对于股东和投资者来说，他们的决策很大程度上依赖于这些财务数据，这些数据的真实性和完整性是他们信赖的基石。一旦数据的安全受到威胁，投资者的信心也可能随之崩塌。

看过各种数据安全问题，最需要重点防范的其实就两大类：一个是数据泄露，不想对外公开的数据被不小心或恶意公开；另一个是数据保存不当，不管是丢了，还是误删、损坏，反正用不了，打不开，都会给企业带来或大或小的麻烦。

下面我们来说说怎么防范这些风险。

⚙ 数据加密

保护企业数据安全，数据加密及密钥的安全管理是一种最直接的方法。

你可以简单理解给数据库加一把锁，锁起来，拥有钥匙（密钥）的人才能打开。跟常规的锁和钥匙不同，数字世界的加密技术更为复杂，也更为安全。

具体操作的话，企业需要选择一个成熟的加密算法，如 AES 或 RSA，这些算法已经经过多年的验证，被证明是安全的。当数据需要保存或传输时，就用这些算法进行加密，保证数据在传输或存储过程中，不会被轻而易举地读取或篡改。

密钥的管理也同样重要。就像你不会把家的钥匙随便乱放，同样，企业也不应该随意存储或共享加密的密钥。密钥应该存储在一个物理和逻辑上都与外界隔离的环境中，如硬件安全模块（HSM）或专门的密钥管理系统。如果有人要用，必须经过严格的身份验证，确认他们真的有权限，才能调取出来。

当然，技术手段只是一方面，员工的培训和教育也很关键。因为再先进的技术也抵挡不住人为的疏忽或误操作。定期培训，时常提醒员工数据和密钥的重要性，让相关人员始终保持警觉，也是确保数据安全的重要措施之一。

定期擦洗

数据，尤其是长时间存储的数据，有可能因为种种原因变得不准确，或者干脆过时了。比如，客户信息会随着时间而变化，旧的销售记录可能不再符合新的行业标准，或者因为存储介质的损耗，数据出现小小的偏差。这种静默的、不易被察觉的损坏，却可能悄悄影响企业数据的质量，那基于这种数据做出的预测准确度还高吗？

要进行数据擦洗，企业首先得确定哪些数据有这类需要。这可能要用到专业的数据分析工具，仔细地检查数据库的每个角落，找出那些与已知标准不匹配或疑似有问题的数据。然后再通过一系列的程序，如数据修复、校验或重新录入，让这些数据恢复成正确的状态。

这工作不可能一劳永逸，所以得成为一项常规操作，定期进行数据擦洗，确保数据始终保持在最佳的状态。让数据驱动的决策更精准，让数据问题引发的风险和损失被提前规避。

权限设置

权限设置也是一种很常见的操作，其最大的功能是预防内部恶意行为。很多数据泄露事件都是从内部发生的，不管是有意的还是无意的，内部人员可能是数据泄露的最大威胁。有时，为了工作交流方便，员工可能直接就把数据进行截图、拍照，相互传送，这就有很大的隐患。再加上由于某些原因（如职业不满、贪婪或外部压力），员工可能会试图窃取、破坏或泄露公司数据。如果每个员工都能访问所有数据，这可就太危险了。

权限设置遵循最小权限原则，不给予任何人员或系统超出其职责所需的权限。比如，公司里的记账软件，会计有记账的相关权限，但是结账之后没有修改之前账目的权限；出纳只能登录查看与现金相关的内容，没有任何其他操作权限，财务经理的权限则最大。

也就是说，这些系统只对某一人员开放其工作内容所用到的相关权限，除此之外，不多给任何权限，这就是最小权限原则。

设置好之后，当员工尝试访问某个数据时，系统会先检查这个员工的“权限卡”是否有相应的权限。有权限就“放行”，没权限就拒绝。而数据被访问或修改之后，系统都会在日志中留下记录，就像监控摄像头下记录的每一个动作。这样，后续发生争议时，就能通过日志追溯事情的真相。企业也能据此定期开展内部审计，发现纠正权限过大、未经授权的访问等内部风险事件。

部署网络防火墙

这一点是重点针对外部的恶意攻击，很像电影里演的网络高手非法入侵公司进行数据窃取，这个其实一般公司用不到，尤其初创企业很少见这种情况。不过，必要的防护也是得有的，哪怕是为了防范网络病毒。

防火墙，就跟字面意思一样，是一道隔离企业内部网络和外部网络的“墙”。主要任务就是控制流入和流出的“交通”，不让恶意数据进到企业的内部网络，也不让私密数据流到外部网络，两头卡死，隔绝开来，如图 8–2 所示。

图 8–2　防火墙的作用

例如，有个电脑想要连接到公司网络，可这台电脑不在公司网络“防火墙”的“许可名单”上，这个访问请求就会被拒绝。

防火墙可以识别出一些常见的网络攻击，如 DoS 攻击、病毒、木马等，并阻止它们的入侵。甚至有些高级的防火墙还可以进行内容过滤，如阻止员工访问一些与工作无关的网站。

企业要部署防火墙呢得先看业务需求。哪些服务是对外开放的？哪些数据是必须被保护的？有了明确的需求，才能有章可循，制定出合适的防火墙策略。

防火墙类型有硬件防火墙和软件防火墙之分。硬件防火墙一般大企业用得多，更加稳定且性能更高；而软件防火墙的特点是比较灵活，能根据需要进行调整，更适合中小企业，毕竟还处于成长阶段，变化很快。企业看情况选个合适的就可以了，否则就是资源浪费。

部署好防火墙并不意味着万事大吉。网络的威胁是不断变化的，所以，防火墙也需要不断地进行更新和调整，以适应新的威胁。企业也应该定期检查防火墙的日志，看是否有异常的数据流，是否有攻击的迹象。

探索成长型财务部门的建设之路

数字化是一个过程，不是一个结果。因为数字技术在不断更新，企业在不断成长，对技术的需求自然也在变化，数字化一直在持续进行中。

从企业初创到站稳脚跟，再到快速成长，趋于稳定，整个过程虽然可能漫长，但不是静止的，变化才是永恒的主题。所以，企业的财务部门自然也得跟着一起成长，不断地成长，方能始终为每个阶段的企业提供与之相匹配的财务支持。

那财务部门怎么做到与企业同步成长呢?

这个问题可以从财务部门的整体和财务人员个体两个角度来回答。从财务部门整体来说，就是管理体系的完善；从财务部门的个体来说，就是各岗位财务人员的成长。

初创企业，公司规模小，人也少，管理起来难度没那么高，在财务工作中，很多事情因为前期并没有什么经验积累，因而尚不能总结出一套可以让后续奉为圭臬的工作流程和工作标准，制度化也就只是一个表面样子。

其实，此时也不需要做到高度的制度化。因为对初创企业来说，灵活性仍是最重要的，就算早早定下来各项标准，随时都可能出现并不适用制度规定的突发情况。

也正因如此，初创阶段的公司管理基本靠老板的直觉和经验，凭感觉办事的情况比较多，财务管理也是这样，大家都在“摸着石头过河”。

当然，企业不可能永远都靠直觉和经验来管，如果长期没有统一的标准，财务部门也会一团混乱，比如，人员更替，工作对接，下一个人就不知道前面的记账标准是什么了，工作流程该怎么执行了，这可不行，风险太大。

而且，企业成长了，员工增多是必然的，人越来越多，业务越来越复杂，管理只靠老板或者部门领导的经验和直觉，出现失误的可能性会大大提高。所以，制度化、流程化就成为理所应当的选择。毕竟时机已经比较成熟，企业对工作内容也越来越熟悉，该有一套规章制度，用来规范大多数的日常工作了，这也是财务部门管理体系的一种成长。

其实也不必把财务制度当成是一种约束，其本质更像是一份工作的“攻略”，告诉你什么该做，应该怎么做，也告诉你什么不该做，做了有什么惩罚。每个人心中有数，就好统一管理了，不然同样的情况这个人问一遍，另一个人又问一遍，都没个统一的说法，办事效率就上不去，还怎么来支持企业决策呢？

不过，这并不意味着企业要盲目地照搬其他公司的财务制度。每个企业都有自己的文化和特点，根据自己的实际情况制定合适的规章制度才是最好的。来看一个例子——

小王开了一家小型家具制造公司，起初只在本地小范围销售。近年来，线上销售兴起，小王想要拓展市场，跨入电商领域。在这个转型期，他听说某家大型家具连锁企业的财务管理体系做得很好，于是派人去学习，想直接将其照搬到自家企业。

但这就产生了问题。大型家具连锁企业的财务管理体系更适应于大规模、多门店的运营模式，而小王的公司虽然想要扩展，但仍旧以工厂为主，线上销售只是一个新的增长点。如果简单地复制那套体系，很多流程和规定在小王的公司里可能显得过于烦琐，甚至会增加很多不必要的成本。

比方说，大公司为了管理众多的供应链，设置了很多复杂的审批流程和供应商管理机制，小王的公司供应商数量有限，这种复杂的管理机制反而拖慢了决策速度，增加了沟通成本。

最后，小王试用了一段时间，放弃了这个方案，并吸取教训，转而开始研究适合自己的财务管理体系。

所以，盲目地模仿别人，并不代表就能走向成功。正如每个人都有自己的生活方式，每家企业也应该根据自己的特点和实际情况，制定最适合自己的财务管理体系。这样，既能确保管理的效率，又能确保企业的长远发展，最重要的是，这也能成为财务部门自我成长的探索方式。

把视线范围缩小，放到企业个人身上。刚起步的时候，可能因为资金紧张，找不到合适的财务人才，有的企业选择了外包财务，这也无可厚非，毕竟初创企业需要把资金投入更重要的地方。但当企业逐渐扩大规模，事务繁多，那些一成不变、固定流程的外包财务就无法满足日益复杂的业务需求了。

这时候，企业需要的不仅仅是一个会做账、报税的人，而是一个真正了解企业文化，能为企业策略出谋划策的财务伙伴。这样的伙伴，不仅要精通财务知识，还要对公司的业务有深入了解，能与其他部门沟通协作，共同推动企业的发展。

而当企业成立了自己的财务部门，且再次发展壮大，财务的队伍就需要扩充了，扩充的第一步当然是外聘，前面我们介绍过的所有与财务管理工作相关的技术、知识、流程、思维都需要财务人员有与之相配的能力，所以，仅仅掌握财务知识已经远远不够了，你得会数据分析，会业财融合，帮企业决策。

总之，企业需要什么，你就得会什么。不能说企业已经发展到需要财务人员进决策体系了，而财务人员还只会做最简单的财务会计报表，根本不知道管理会计报表是什么。

那有的企业说了，我企业成长了，但财务人员还没成长起来怎么办？总不能全开了重新招吧？当然不用，只要工资待遇给到位，优秀的人才选择余地还是比较大的，但对企业认同，愿意跟企业一起成长的人才是难得的，这要提到一个员工忠诚度的问题。

忠诚度高的员工对公司的事情更上心，出问题时会站出来解决，而不是站旁边“看热闹”。这种情感的连接会让公司更有凝聚力，而频繁更换员工，不仅工作适用周期长，公司整体的文化氛围也会受影响。

如果既想要这份员工的忠诚度，又想让财务人员能匹配上企业的发展速度，内部培训就必不可少了。他们需要不断地学习，掌握最新的财务知识，了解与自己工作相关的新技术，提高自己的数据分析能力。还要深入业务部门，了解业务的真实需求，为企业提供更有价值的建议。

为此，企业可结合目前发展需要，定制培训课程。如果公司向电商发展，就得培训电商的财务流程和数字化工具。培训不只是听讲座那么简单，最好结合实际操作，手把手教。定期组织内部分享会，让大家交流经验，互相学习。培训后赶紧上手，在实践中理解回顾，真正用上所学，这样才能尽快匹配上企业的发展脚步。

公司进步，财务部门成长，财务人员提升，财务工作做得更“漂亮”，企业得到更大助力，实现价值最大化，这就是一个理想的良性循环，也是每个老板希望看到的双赢结果。

当这一份事业成为每个人的价值归属，将会引领公司稳稳跨过每一个财务陷阱，最终走向美好的未来。